Ingrid Hödl

Wirkungsvolle Rhetorik

Buch:

Wie Sie bei einem Auftritt vor Publikum wirken, hängt nur sehr wenig vom Inhalt Ihrer Rede ab. Viel entscheidender ist die Art und Weise, wie Sie sich selbst und Ihre Inhalte präsentieren.

Von der richtigen Vorbereitung, dem Redeaufbau, dem Abbau von Lampenfieber, über die Körpersprache und das Umgehen mit Fragen und Einwänden bis zum Medieneinsatz: Dieses Buch hat Tipps und Übungen parat für alle Bereiche, die zum Erfolg einer Rede beitragen können.

Autorin:

Ingrid Hödl, Mag. phil., studierte Kommunikationswissenschaft und Politologie in Wien sowie Fach- und Verhaltenstraining in Salzburg. Seit über 15 Jahren trainiert und coacht sie Mitarbeiter namhafter Unternehmen und Institutionen. 1996 gründete sie ihr eigenes Consulting- & Trainingsunternehmen. Außerdem lehrt die Rhetorik-Expertin als Lektorin an Universitäten und Fachhochschulen. Vom Institute for International Research wurde sie für herausragende Trainingsleistungen mehrfach ausgezeichnet als „Trainer of the Year"!

Ingrid Hödl

Wirkungsvolle Rhetorik

100 Tipps für den erfolgreichen Auftritt

Ein Praxishandbuch

Bibliografische Information der Deutschen Nationalbibliothek:
Die Deutsche Nationalbibliothek verzeichnet diese Publikation in der Deutschen Nationalbibliografie; detaillierte bibliografische Daten sind im Internet über http://dnb.d-nb.de abrufbar.

Das Werk ist urheberrechtlich geschützt. Alle Rechte, insbesondere die Rechte der Verbreitung, der Vervielfältigung, der Übersetzung, des Nachdrucks und die Wiedergabe auf fotomechanischem oder ähnlichem Wege, durch Fotokopie, Mikrofilm oder andere elektronische Verfahren sowie der Speicherung in Datenverarbeitungsanlagen, bleiben, auch bei nur auszugsweiser Verwertung, der Autorin vorbehalten.

Es wird darauf hingewiesen, dass alle Angaben in diesem Buch trotz sorgfältiger Bearbeitung ohne Gewähr erfolgen und eine Haftung der Autorin ausgeschlossen ist.

Copyright © 2007 by Mag. Ingrid Hödl, A-3270 Scheibbs, Österreich
Alle Rechte vorbehalten.

Illustrationen: MSP Media, Koblenz
Gestaltung, Satz: erin de.sign, Scheibbs
Herstellung und Verlag: Books on Demand GmbH, Norderstedt
Printed in Germany

ISBN-13: 978-3-8334-9094-1

Inhaltsverzeichnis

Zum Start 9

Nur Mut! 10 Tipps, wie Sie Ihre Reden auf einen Schlag um 50 Prozent verbessern 11
    Mut zu eigenen Gedanken 12
    Mut, den Wirkfaktor „NEU" einzusetzen 13
    Mut zur Spannung 14
    Mut zu exzellenter Sprechweise 15
    Mut zu Nähe 16
    Mut zu Offenheit 17
    Mut zu Geschichten 17
    Mut zum Flirt 19
    Mut zum Mut 20
    Mut zu Fehlern 20

Nur keine Panik! 10 Tipps, wie Sie Ihr Lampenfieber abbauen 23
    Was niemand merkt 25
    Mit Vorbereitung zur Sicherheit 26
    Nutzen Sie die „Plus"-Energie 26
    Vorfreude statt Angst 27
    Mit „magischen" Werkzeugen zaubern 28
    Die ganz besonderen Momente im Leben 29
    Der innere Film 31
    In der Stille der Gedanken 32
    Mit Atemtechnik entspannen 33
    Ein witziger Rollentausch 34

Gute Vorbereitung ist der halbe Sieg! 10 Tipps für die optimale Redevorbereitung 37
    Das Thema: Worüber sprechen Sie? 39
    Die Person: Wie stehen Sie als Redner 39
    … zu Ihrem Thema? 40
    … zu Ihren Zuhörern? 40
    … zu sich selbst? 40
    Das Publikum: Was bewegt die Zuhörer? 43
    Die Kernbotschaft: Was ist Ihr Redeziel? 45
    Ort und Zeit: In welcher Situation reden Sie? 46
    Die Redezeit: Wie lange reden Sie? 47

Die Inhalte: Worüber genau sprechen Sie?...48
Die Struktur: Wie sind die Inhalte aufgebaut?..50
Stichwortzettel oder Manuskript: Welche Hilfsmittel verwenden Sie? ..54
Überzeugen oder informieren: Was macht den Unterschied?..................56

Der erste Eindruck …! 10 Tipps für den gelungenen Start............. 59
   Ein Titel, der hält, was er verspricht..60
   Wer spricht denn da?..61
   Mit Power auftreten...62
   Souverän durch Schweigen 63
   Das Publikum begrüßen 64
   Worthülsen ade...65
   Der passende Einstieg..65
   Mit Aufmerksamkeit starten 66
   Der Nutzen entscheidet...68
   Agenda gibt Sicherheit...69

Mit Action durch den Hauptteil! 10 Tipps wie Sie den Hauptteil anregend und verständlich gestalten 71
   Klar und prägnant denken und reden...72
   Der rote Faden..73
   Kernbotschaften verankern 75
   Daten und Fakten begreifbar machen 76
   Wie Zuhörer sich mehr merken 77
   Phänomen Wiederholung...78
   Niemals langweilig...79
   Action im Hauptteil...79
   Sicherheit im Ausdruck...81
   Psychologisch richtig formulieren...82

Ende gut – alles gut! 10 Tipps für einen starken Abgang 85
   Nullschluss = Nullwirkung 86
   Schluss ist Schluss 87
   Zusammenfassung vor dem Schluss 87
   Keine Floskeln..89
   Zielorientierung bis zum Schluss 89
   Inszenierung am Schluss..90
   Der Schlusssatz als Höhepunkt...91
   Kein Dank für Aufmerksamkeit 92
   Abgang mit Applaus..93
   Dankesworte nach der Rede 94

Unbewusste Signale als kommunikative Kraft! 10 Tipps für Stimme und Körpersprache **97**
    Vom sicheren Stand zur sicheren Ausstrahlung 99
    Gehen als Ausdrucksmittel 101
    Umarmen Sie Ihr Publikum 102
    Spieglein, Spieglein, im Gesicht 104
    Vom Pokerface zum Smily 106
    Schau mir in die Augen, Kleines 107
    Stimme macht Stimmung 109
    Betonung schafft Aufmerksamkeit 110
    Im richtigen Redetempo 112
    Outfit als Visitenkarte 115

Eine Frage, bitte ...! 10 Tipps, wie Sie souverän mit Fragen und Einwänden umgehen **117**
    Spielen Sie „advocatus diaboli" 119
    Einwände vorwegnehmen 120
    Später ist auch noch Zeit 120
    Kurz und bündig antworten 121
    Mit Brückensätzen gewinnen 122
    Zuhören und Antworten als Frage des Stils 123
    So bleiben Sie ruhig und gelassen 124
    Wenn es auf Durchsetzung ankommt 126
    Auf den Diskussionsteil vorbereitet sein 128
    Die Fragerunde gekonnt abschließen 129

Medien: Vom Laptop bis zum Flipchart! 10 Tipps für den professionellen Einsatz **131**
    Lesbarkeit als oberstes Gebot 132
    Der Mittelpunkt sind Sie 133
    Die Folienschlacht am Präsentationsbuffet 134
    Reduktion auf das Wesentliche 134
    Bei Animationen sparen 135
    Aktiv präsentieren 136
    Ausblenden ist möglich und sinnvoll 136
    Mit Low-Tech zu mehr Aufmerksamkeit 137
    Professionell mit Laptop und Beamer vortragen 138
    Wenn es sein muss: Handouts 139

Pleiten, Pech und Pannen! 10 Tipps und Tricks für den Notfall **141**
    Hilfe, Verspätung! 142

Hilfe, die Lage ist hoffnungslos!... 143
Hilfe, Eigentor! 144
Hilfe, technische Panne!... 145
Hilfe, jetzt geht gar nichts mehr!.. 146
Hilfe, höhere Gewalt! 147
Hilfe, keine Antwort parat!.. 148
Hilfe, ein Blackout!... 149
Hilfe, Stegreif!.. 151
Hilfe, Mikrofon und Kamera!... 152

Zum Schluss **155**

Übung macht den Meister! 10 zusätzliche Übungen für Ihren Redeerfolg...**157**

Weiterführende Literatur..**171**

Zum Start

*Ich kann,
das ist das Maß der mir verlieh'nen Kraft,
der Tat, der Fertigkeit,
der Kunst und der Wissenschaft.*

Friedrich Rückert, deutscher Dichter

„**Ich kann!**" – ist wohl einer der kraftvollsten und mächtigsten Gedanken. Mit diesem Gedanken erahnen Sie, welche Möglichkeiten Sie haben. Und wenn Sie diesem Impuls „Ich kann!" folgen und das, was Sie tun wollen, in die Tat umsetzen, und wenn dieses „Ich kann!" Wirklichkeit wird, wenn Sie es erleben, erfahren und in sich spüren, dann gehört das wohl zu den erhebendsten Momenten Ihres Lebens. Spüren Sie die Kraft und die Wirkung, die von diesem „Ich kann!" ausgehen.

Vielleicht gehören Sie aber zu jenen Menschen, denen die Umkehrung, das „Ich kann nicht!", viel geläufiger ist. Vielleicht schreit eine innere Stimme gerade zu panisch in Ihnen diesen Satz „Ich kann nicht!", wenn es darum geht, vor Publikum zu sprechen. Spüren Sie, was von diesem „Ich kann nicht!" ausgeht! Dieser Satz „Ich kann nicht!" raubt Ihnen die Energie, nimmt Ihnen die Überzeugungskraft und bringt Sie um Ihre Ausstrahlung!

Spätestens am Ende dieses Buches sollen Sie das Verlangen in sich spüren, vor einem Zuhörerkreis zu sprechen. Das Können, das nötige Know-how haben Sie dann dazu. Und ich wünsche Ihnen, dass Sie es auch wollen. Erfolgreiche Redeauftritte fördern Ihre Selbstsicherheit, Ihren Bekanntheitsgrad und Ihre Karriere. Und irgendwann kommt fast jede und jeder in die Situation, eine Rede oder Präsentation halten zu müssen, sei es im Studium, im Beruf, im Verein oder bei einer Familienfeier.

Als Rhetorik-Trainerin und Autorin dieses Buches möchte ich Sie bis zu so einem erhebenden Moment begleiten, wo Sie vor einem Publikum stehen und Ihre innere Stimme Ihnen verheißungsvoll zuflüstert: „**Ich kann!**"

Das Buch ist eine Aneinanderreihung von Tipps, hat aber dennoch einen inhaltlichen „roten Faden". Kapitel für Kapitel ist es systematisch aufgebaut. Wie können Sie dieses Handbuch gebrauchen? Sie können es Seite für Seite von Anfang bis Ende durchlesen. Sie können in einem Schnelldurchlauf quer über alle Tipps drüberlesen. Sie können aber auch gezielt nur jene Tipps lesen, die Ihnen persönlich weiterhelfen.

Am meisten profitieren Sie von diesem Buch, wenn Sie es nicht nur lesen, also nicht nur Ihre linke Gehirnhälfte gebrauchen, sondern wenn Sie ganzheitlich lernen, auch die rechte Gehirnhälfte einsetzen und die gelesenen Inhalte und Tipps durch Übung verinnerlichen. Nur so verankern Sie die Tipps und Tools dauerhaft.

Mit keinem Satz erhebt dieses Buch den Anspruch, vollkommene Neuigkeiten enthüllen zu wollen. Viele Inhalte sind auf alte und bewährte Weisheiten und Erkenntnisse zurückzuführen. Schließlich befasst man sich seit der Antike mit der „Redekunst".

Auf eines können Sie sich verlassen: Dieses Buch wurde aus der Praxis für die Praxis geschrieben. In dieses Buch sind 15 Jahre Erfahrung als Rhetorik-Trainerin und Coach eingeflossen. Und eines möchte ich an dieser Stelle sagen: Ich habe den tollsten Beruf der Welt: Ich darf mit Menschen arbeiten, die sich weiterentwickeln wollen, und ich darf mit ihnen und von ihnen lernen, jeden Tag. Für dieses Privileg und für viele Erfahrungen und Inputs danke ich meinen Seminarteilnehmern und Coaching-Kunden.

Kapitel 1: So verbessern Sie Ihre Reden auf einen Schlag um 50 Prozent

Nur Mut!
10 Tipps, wie Sie Ihre Reden auf einen Schlag um 50 Prozent verbessern

Unser Licht, nicht unsere Dunkelheit erschreckt uns am meisten. Wir fragen uns, warum soll gerade ich glänzend, großartig, talentiert und fabelhaft sein?

Doch, warum solltest Du es nicht sein?

nach Nelson Mandela, südafrikan. Präsident

Wahrscheinlich halten Sie dieses Buch in den Händen, weil Sie sich überwinden müssen, vor Publikum zu sprechen, oder Sie haben noch wenig Übung darin und fühlen sich unsicher. Oder Sie halten zwar immer wieder Vorträge und Präsentation, wollen sich aber noch weiter verbessern. Letztendlich geht es um Ihre innere Stimme. Wahrscheinlich ist Ihre innere „Ich kann nicht"-Stimme noch stärker als die „Ich-kann"-Stimme.

Häufig erzielen Menschen, wenn sie sich denn trauen, ihr Anliegen einer Personengruppe vorzutragen, nicht die gebührende Beachtung und auch nicht den gewünschten Erfolg. Gerade diese kleinen „Misserfolge" nehmen ihnen den Mut und sind wieder Futter für die innere „Ich kann nicht-Stimme". Das soll sich ändern. Sie sollen können, und vor allem sollen Sie wollen, wenn es darum geht, vor Publikum zu sprechen.

Für die ganz Eiligen unter Ihnen bzw. für jene, die ein schnelles Notfallprogramm brauchen, starten wir gleich mit der Frage: „Wie können Sie Ihre Reden und Präsentationen auf einen Schlag um 50 Prozent verbessern?"

Die Antwort ist leicht gegeben, die Umsetzung gestaltet sich schon etwas schwieriger. Die Antwort lautet: Befolgen Sie einfach die kommenden zehn Tipps. Schwierig wird die Umsetzung, weil Sie dazu eine persönliche Eigenschaft brauchen: Mut. Den Mut, aus sich herauszugehen und Neues auszuprobieren.

So gesehen sind diese ersten zehn Tipps auch ein kleines „Muttraining". Wenn Sie sich den einzelnen „Mutproben" stellen und diese bestehen, werden Sie mit einem Schlag zur besseren Rednerin und zum besseren Redner.

Mut zu eigenen Gedanken

Was macht einen Haubenkoch aus? Dass er Rezepte, die in irgendeinem Kochbuch veröffentlicht sind, nach Anleitung nachkocht? Ganz sicher nicht, das kann (fast) jeder. Der Spitzenkoch kreiert seine eigenen Gerichte. Er nimmt die Zutaten, die alle anderen auch nehmen, aber er macht eine eigene Komposition daraus.

Ähnlich ist das bei erfolgreichen Rednern. Sie orientieren sich nicht an Zahlen, Daten, Fakten, denen sie eine Interpretation nachschieben, sondern umgekehrt. Erfolgreiche Redner setzen sich mit ihrem Redethema auseinander, orientieren sich an den eigenen Gedanken zum Thema und untermauern diese mit Fakten.

Zahlen, Daten und Fakten allein würden bestenfalls einen Berg an Detailwissen ergeben. Die Ideen und Meinungen des Vortragenden alleine wären höchstens nettes Geplauder, wenn sie nicht mit Fakten und Tatsachen verbunden werden.

Bewerten Sie, urteilen Sie. Zahlen, Daten, Fakten gepaart mit Subjektivität, das ist der Stoff, aus dem überzeugende Reden gemacht werden.

> **Tipp 1:**
> Vertrauen Sie Ihren eigenen Gedanken und Schlussfolgerungen und untermauern Sie diese mit Zahlen, Daten und Fakten.

Mut, den Wirkfaktor „NEU" einzusetzen

Die meisten Redner wollen informativ sein. Das ist nobel und gut – aber auf keinen Fall gut genug für rhetorische Spitzenleistungen. Nur Informationsbriefträger zu sein, ist durchschnittlich. Sie lesen dieses Kapitel, weil Sie sich auf einen Schlag verbessern wollen. Ein wichtiger Schritt in diese Richtig ist, dass Sie und Ihre Inhalte für Ihre Zuhörer auch interessant sein müssen.

Da jeder Mensch seine eigenen Kriterien des persönlichen Interesses setzt, ist dieser Punkt auf den ersten Blick gar nicht so leicht zu erfüllen. Eines ist jedoch für die meisten Menschen interessant: Neues. Neu fasziniert. Menschen sind gierig auf Neues, also neu-gierig. Auch die Werbung macht sich das zunutze. Oft wird nur mit den drei Buchstaben „NEU" geworben.

Für Ihre Rede können Sie objektive Neuigkeiten verwenden. Das ist das Neue, das gerade passiert ist: In Wien wurde ein Kind von einem Kampfhund gebissen, die Bundesregierung hat heute Morgen die Erhöhung der Mineralölsteuer beschlossen, die Ergebnisse der weltweiten Durex-Studie „Sexual Wellbeing" belegen Österreich einen Platz unter den sexuell aktiven Nationen.

Sie können aber auch subjektive Neuigkeiten verwenden. Das subjektiv Neue ist eine Schöpfung des Redners, der überraschende Gedankenverbindungen knüpft und eigene Ideen zu einem Thema entwickelt.

> **Tipp 2:**
> **Versorgen Sie Ihr Publikum mit Neuem!**

Mut zur Spannung

Nichts ist bei Reden, Präsentationen und Vorträgen schlimmer als Langeweile. Ein langweiliger Redner stiehlt den Zuhörern wertvolle Lebenszeit. Gestalten Sie ausnahmslos spannende Redebeiträge. Zuhörer lieben Spannung, brauchen Spannung – die Spannung trägt sie durch den Vortrag. Und Sie als Rednerin und als Redner müssen Ihren Zuhörern diese Spannung bieten.

Ihr Vortrag muss eine Inszenierung sein. So wie ein Seiltänzer im Zirkus nicht einfach über das Seil spaziert, sondern diese Übung dramaturgisch in Szene setzt. Und den Zuschauern stockt der Atem während sie bangen, ob er heil am anderen Ende ankommt. Oder ein Zauberkünstler, der nicht einfach einen Trick vorführt, sondern diesen inszeniert. Er zieht die Zuschauer so stark in seinen Bann, dass sie nicht merken, wie der Trick funktioniert. Ohne die spannende Story, die Musik und das Licht drumherum, wären wohl die wenigsten Zaubertricks von Erfolg gekrönt.

Bei Reden und Präsentationen ist das nicht anders. Wenn Sie nur nach „Schema F" reden, werden Sie durchfallen oder bestenfalls als „okay" durchgehen. Rhetorische Spitzenleistung verlangt nach Dramaturgie, Power und Spannung! Überzeichnen Sie die Inhalte und übertreiben Sie auch mal! Haben Sie diesen Mut – und Sie haben die Bewunderung des Publikums!

> **Tipp 3:**
> Setzen Sie sich und Ihre Rede in Szene. Laden Sie die Atmosphäre mit Spannung auf!

Mut zu exzellenter Sprechweise

Was begegnet dem geplagten Zuhörer so an Rednern, die alles andere als exzellent sprechen?

Da gibt es die Schnellredner, die ihre Sätze so schnell herausrattern, dass ein Begreifen unmöglich ist. Man bekommt den Eindruck, dass sie fertig sein wollen, noch ehe sie angefangen haben. Und das ist auch das einzig Positive daran für das Publikum: Wer schneller spricht, ist schneller fertig – und das Publikum ist schneller erlöst.

Dann gibt es das genaue Gegenteil, die Langsamredner, die das Publikum in einen schlafähnlichen Zustand versetzen. Eine Variante der Langsamredner sind die Monotonredner, denen Stimmmodulation fremd ist und wo Zuhören – und vor allem Wachbleiben – zur Folter wird.

Und dann gibt es noch die Leisen. Die Leisen, die ihre Stimme auf „low" stellen, wenn sie vor Publikum sprechen. Nach dem Motto: Wenn mich keiner hört, dann kann mich auch keiner kritisieren.

Was können Sie von diesen rhetorischen Plagegeistern lernen? Richtig, dass Sie es so auf keinen Fall machen! Fakt ist, dass Ihre Stimme Ihr mächtigstes Instrument als Redner ist, um die Aufmerksamkeit des Publikums zu steuern. Ohne Power in der Stimme gibt es keine Aufmerksamkeit.

Bemühen Sie sich, so klar und deutlich zu sprechen, wie es Ihnen nur möglich ist. Und sprechen Sie laut. Wenn Sie gehört werden möchten, dann richten Sie sich auf und atmen Sie gut. Mit zusammengesunkenen Schultern ist es unmöglich, eine gute, kräftige Sprechstimme zu haben.

Arbeiten Sie inhaltliche Höhepunkte stimmlich exakt heraus. Machen Sie Spannungspausen und betonen Sie. Steigern Sie Ihre Betonung phasenweise fast bis zur Übertreibung. Damit sind wir wieder beim Thema „Mut". Vielleicht sind Sie es nicht gewöhnt, für Ihren Geschmack so übertrieben aufzutreten. Tun Sie es trotzdem – Ihren Zuhörern und Ihrem Redeerfolg zuliebe.

> **Tipp 4:**
> **Reden Sie in angepasstem Redetempo, klar, laut und gut betont!**

Mut zu Nähe

„Ein Lächeln ist der kürzeste Weg zwischen zwei Menschen", heißt ein chinesisches Sprichwort. Eine andere Weisheit besagt: „Wer das Auge hat, hat auch das Ohr!" Es geht um Kontakt zu Ihren Zuhörern, den Sie mit einem Lächeln und mit Blickkontakt aufbauen können. Und im Wort „Blickkontakt" steckt ja der „Kontakt" wortwörtlich drinnen.

Wenn Sie möchten, dass Ihre Zuhörer Ihnen und Ihren Ausführungen aufmerksam folgen, dann suchen Sie den direkten Kontakt mit Ihnen! Gestalten Sie aktiv den Kontakt, das liegt in Ihrem Aufgabenbereich als Rednerin und Redner. Sie bestimmen, ob überhaupt und wenn ja, wie intensiv dieser Kontakt ist. Und ich kann Ihnen nur eines sagen: Trauen Sie sich. Haben Sie den Mut zur Nähe mit Ihrem Publikum. Sie können nur gewinnen.

> **Tipp 5:**
> **Gestalten Sie mit Blickkontakt und Lächeln aktiv den Kontakt zu Ihren Zuhörern!**

Mut zu Offenheit

Was macht ein Kaninchen, wenn auf einmal ein Fuchs vor ihm steht? Richtig, es stellt sich tot. Es wird total steif und bewegt sich nicht mehr – in der Hoffnung, dass der Fuchs von ihm ablässt. Diesen Eindruck könnte man auch von so manchem Vortragenden bekommen: Kaum auf der Bühne angekommen, scheint jedes Leben aus den Gliedmaßen zu entweichen und eine seltsame Körper- und Gesichtslähmung macht sich breit.

Statt anregender Mimik präsentiert der Redner eine starre Maske und statt lebhafter Körpersprache leblos herabhängende Arme. Jede Faser seines Körpers scheint schreien zu wollen: „Ich kann nicht und ich will nicht!" Aber weil er offenbar keine andere Wahl hat, lässt er die Sache über sich ergehen – in der Hoffnung, dass es möglichst schnell vorbei ist. Schade, wirklich schade. Welch eine Vergeudung an Zeit und Energie.

Gehen Sie doch ein Risiko ein. Das Risiko, sich dem Publikum zu öffnen – sowohl innerlich als auch körpersprachlich. Aber das eine bedingt ohnehin das andere. Vielleicht haben Sie die Angst, angreifbarer und verletzlicher zu sein. Konzentrieren Sie sich auf die Wirkung, die Sie haben, wenn Sie offen auf Ihr Publikum zugehen – dann merken Sie sehr rasch, dass diese Ängste unnötig sind. Engagieren Sie sich für Ihr Redethema und zeigen Sie dieses Engagement auch mit offener, aktiver Körpersprache.

> **Tipp 6:**
>
> **Gehen Sie offen auf Ihr Publikum zu, dann ist es auch offen für Ihre Anliegen!**

Mut zu Geschichten

Kleine Kinder lieben Geschichten. Fortwährend bestürmen Sie die Erwachsenen, ihnen doch eine Geschichte zu erzählen. Die Liebe zu Geschichten bleibt den Menschen immer erhalten – auch im Erwachsenenalter. Sogar eine neue Managementmethode nutzt diese Tatsache: Storytelling (Geschichten erzählen). Beim Storytelling werden strategische Geschichten dazu eingesetzt, um zum Beispiel Mitarbeiter für Visionen zu begeistern oder Kunden für neue Produkte zu gewinnen.

Setzen Sie in Reden und Präsentationen bewusst Geschichten ein, um Ihre Zuhörer für Ihr Anliegen zu gewinnen. Erzählen Sie die Geschichten so, dass Bilder in den Köpfen der Zuhörer entstehen. Bilder wirken direkt auf das Unbewusste und lösen Emotionen aus. Folglich können Sie als Rednerin und als Redner mit Geschichten die Emotionen Ihrer Zuhörer beeinflussen. Was für ein mächtiges Instrument!

Wie bauen Sie eine wirkungsvolle Geschichte auf? Die Struktur ist recht einfach. Sie müssen nur die drei Fragen beantworten:
- Wann?
- Wo?
- Was?

Mit „Wann" und „Wo" entwerfen Sie kurz die Szene: „Letzte Woche, im Supermarkt, ..." Jetzt haben die Zuhörer ein geistiges Bild vor Augen, in das sie die Handlung integrieren können – das „Was" der Geschichte. Nun erzählen Sie, was passiert ist: „Ich stolpere und vor mir taucht ein mannshoher, exakt gestapelter Turm mit Cornflakes-Packungen auf ..."

Übung „Geschichten erzählen":

Skizzieren Sie eine kurze Geschichte oder Anekdote:

Wann:

Wo:

Was:

Und nun erzählen Sie Ihre Geschichte, wenn Sie kein Publikum haben, dann Ihrem Spiegelbild!

Untermauern Sie Ihre Argumente mit Geschichten, dann hören Ihnen die Leute zu. Sachliche Argumente werden leicht ignoriert und schnell vergessen. Geschichten ziehen Menschen in ihren Bann und werden behalten.

> **Tipp 7:**
> Nutzen Sie die Überzeugungskraft von Geschichten!

Mut zum Flirt

Wenn Sie vor einem Publikum sprechen, dann zeigen Sie sich von Ihrer charmanten Seite. Erobern Sie die Herzen Ihrer Zuhörer. „Was dem Herzen widerstrebt, lässt der Verstand nicht ein", hat schon Schopenhauer gewusst.

Es ist wichtiger, wie Sie wirken, als was Sie sagen - zumindest wenn man davon ausgeht, dass Sie keinen absoluten Schwachsinn von sich geben! Machen Sie die Zuhörer zu Ihren Verbündeten. Zeigen Sie, dass Sie versuchen, sie zu verstehen. Erkennen Sie ihre Bedürfnisse und gehen Sie darauf ein – und tun Sie das in charmanter Art und Weise. Die Zuhörer sollen es genießen, mit Ihnen in einem Raum zu sein.

Sympathie beruht oft auf Gegenseitigkeit: Finden Sie Ihr Publikum sensationell, und zeigen Sie das auch. Freuen Sie sich auf Ihr Publikum. Flirten Sie mit dem Publikum. Dann wird man Ihnen gerne und mit voller Konzentration zuhören – und Sie als Rednerin und als Redner sensationell finden.

> **Tipp 8:**
> Flirten Sie mit einem Publikum, das Sie sensationell finden!

Mut zum Mut

„Den Mutigen gehört die Welt" lautet eine alte Abenteurerweisheit. Die Welt eines Redners ist das Publikum. Um wirklich gut, wirklich exzellent vor Publikum zu sprechen, brauchen Sie diese persönliche Eigenschaft ganz besonders: Mut.

Den Mut, nicht im angepassten Einheitsbrei der Durchschnittlichkeit herumzurühren, den Mut einmal anders zu sein und etwas anders zu machen als der Durchschnittsredner.

Selbstverständlich sollen Sie es nicht nur anders, sondern auch besser machen. Seien Sie unterhaltend, seien Sie ungewöhnlich – ungewöhnlich gut! Seien Sie so gut, dass Sie sich selbst darauf freuen, Ihre Exzellenz vor Publikum zu präsentieren. „Ich kann und ich will" muss Ihnen Ihre innere Stimme in freudiger Erwartung zuflüstern.

> **Tipp 9:**
> **Erobern Sie das Publikum mit Mut zu ungewöhnlicher Exzellenz!**

Mut zu Fehlern

Wie heißt es so schön: „Wo gehobelt wird, da fallen Späne!" Nur beim Nichtstun kann nichts passieren. Sobald Sie vor ein Publikum treten, können Fehler passieren, ja müssen Fehler passieren. Aus Fehlern kann man viel mehr lernen als aus den Erfolgen. Fehler zwingen zum Reflektieren und Nacharbeiten.

Für die meisten Redner ist die Rede mit dem Schlussapplaus vorbei. Nicht für Sie, denn Sie wollen besser werden. Wann immer Sie die Möglichkeit haben, vor anderen zu reden, tun Sie es. Gehen Sie das Risiko ein. Und danach nehmen Sie sich eine stille Stunde mit sich selbst und reflektieren die Redesituation.

Fragen Sie sich, was Sie gut gemacht haben, auch das ist wichtig zu wissen und wichtig für weitere Erfolge. Fragen Sie sich aber auch, was nicht so gut gelaufen ist und wo Sie Verbesserungsmöglichkeiten sehen. Seien Sie ehrlich und gestehen Sie auch Fehler ein. Wie gesagt, Sie können nur daraus lernen.

> **Tipp 10:**
>
> Lernen Sie aus Ihren Fehlern und setzen Sie sich ein konkretes Verbesserungsziel für die nächste Rede!

Notizen:

KAPITEL 2: SO BAUEN SIE IHR LAMPENFIEBER AB

Nur keine Panik!
10 Tipps, wie Sie Ihr Lampenfieber abbauen

> *„Das menschliche Gehirn ist eine großartige Sache.*
> *Es funktioniert vom Augenblick der Geburt bis zu dem Zeitpunkt,*
> *wo Du aufstehst, um eine Rede zu halten."*
>
> *Mark Twain, amerikan. Autor*

„Jetzt!" Sie sind an der Reihe. Der Zuhörerkreis ist versammelt, alle erwarten Ihre Präsentation. Alle Blicke sind auf Sie gerichtet. Sie spüren eine innere Erregung, und Sie spüren, wie diese Erregung immer stärker wird und den Hals hinauf kriecht, um sich dann als Kloß im Hals festzusetzen. Sie haben das Gefühl, keine Luft zu bekommen. Ihr Puls jagt in einem Höllentempo, das Herz macht wilde Sprünge. Lampenfieber. Sie fragen sich, ob Sie irgendeinen Ton rauskriegen in diesem Zustand. Ihre „Ich kann nicht und ich will nicht!"-Stimme beginnt innerlich panisch zu kreischen. Und überhaupt würden Sie jetzt am liebsten einen Tarnmantel anlegen und ungesehen verschwinden.

Vielen, sehr vielen Menschen geht es in Redesituationen ähnlich. Viele, sehr viele Menschen empfinden es instinktiv als bedrohlich, vor anderen zu sprechen. Lampenfieber ist keine böswillige Laune der Natur, um Rednern zu schaden. Ganz im Gegenteil: In der richtigen Dosis ermöglicht es Höchstleistungen. Sie glauben das nicht? Das ist ähnlich wie bei Menschen, die in Todesangst plötzlich übernatürliche Kräfte entwickeln. Ein gesundes Maß an Lampenfieber ermöglicht, dass Sie über sich hinauswachsen. Sie werden hellwach, alle Sinne sind geschärft, die Augen leuchten, Sie stehen unter Hochspannung – bereit zu rhetorischen Spitzenleistungen. Dieser positive Effekt des Adrenalins, das da durch Ihre Adern fließt, stellt sich nur ein, wenn Sie es zulassen!

In welchem Maße haben Sie das Gefühl, ruhig und gelassen zu sein, wenn Sie vor einem Publikum stehen? Seien Sie ehrlich. Fühlen Sie sich nervös, ängstlich oder wie gelähmt? Oder werden Sie mit der Situation gut fertig und genießen die Bühne vielleicht sogar?

Übung „Selbsteinschätzung":

Markieren Sie Ihr Gefühl auf der folgenden Skala:

Angst — neutrales Gefühl — Wohlgefühl

KAPITEL 2: SO BAUEN SIE IHR LAMPENFIEBER AB

Falls Sie sich vor einem Publikum ängstlich und nervös fühlen, ist es jetzt an der Zeit, sich davon zu lösen. Wie aber kann man sich von einer Angst lösen? Die positive Nachricht gleich vorweg: Da die meisten Ängste erlernt sind, kann man sie auch wieder „verlernen". Die folgenden zehn Tipps unterstützen Sie dabei.

Was niemand merkt ...

Wer ist unser härtester Kritiker? Nein, es ist nicht irgendjemand, der im Publikum sitzt und uns mit unangenehmen Fragen löchert und es ist auch nicht der Chef, der uns kopfschüttelnd zuhört. Meist sind wir es selbst, die am härtesten mit uns ins Gericht gehen. Wir legen uns die Latte unverhältnismäßig hoch und setzen uns selbst gehörig unter Druck. Und wir achten penibel auf alles, was nicht perfekt ist, was wir nicht perfekt machen. Die anderen können Fehler machen, da sind viele großzügig und gleich mit tröstenden Worten zur Stelle: „Na ja, war ja schon ganz gut! ..." Nur wir selbst müssen übermenschlich gut und fehlerlos sein.

Da wollen wir so perfekt sein, und dann haben wir womöglich Lampenfieber. Wie kann jemand, der nervös ist, gut vor anderen reden? Das ist unmöglich. Und es ist doch möglich – ganz sicher.

Treten Sie selbst den Beweis an. Machen Sie ein Videotraining. Die Kamera wird zu Ihrem besten Freund. Sie übernimmt Ihre Rolle: sie zeigt Ihnen unbarmherzig jede Schwäche, jeden Fehler auf. Und trotzdem werden Sie eines erkennen: Sie selbst fühlen Ihre eigene Nervosität viel, viel stärker als Ihr Publikum (oder die Kamera). Ihre Zuhörer bemerken Ihre Aufregung kaum oder gar nicht. Vielleicht haben Sie Ihrer Nervosität bis jetzt einfach zu viel Aufmerksamkeit geschenkt?

> **Tipp 1:**
> Vergessen Sie Ihr Lampenfieber, denn außer Ihnen merkt kaum jemand etwas davon!

Mit Vorbereitung zur Sicherheit

Das A und O für einen erfolgreichen Auftritt ist eine intensive und gründliche Vorbereitung. Ich erwähne das nicht nur der guten Ordnung halber. Wissen gibt Sicherheit. Bereiten Sie sich nicht nur inhaltlich vor, sondern informieren Sie sich auch über Ihre Zuhörer, die Räumlichkeiten und die Medien vor Ort.

Üben Sie Ihren Auftritt, das gibt enorme Sicherheit. Sie wissen dann in der Realsituation bereits, wie es läuft. Bereiten Sie sich so vor, dass Sie Ihre ersten Sätze sicher beherrschen. Sie können den Anfang Ihrer Rede auch auswendig lernen. So wissen Sie genau, was Sie sagen wollen, wenn sich Lampenfieber einstellt. Und während Sie die ersten Sätze sprechen, nimmt das Lampenfieber wieder ab, und Ihre Sicherheit kommt zurück.

> **Tipp 2:**
>
> **Bereiten Sie sich gut vor, und üben Sie Ihren Auftritt! Vorbereitung bringt Sicherheit!**

Nutzen Sie die „Plus"-Energie

Das ist ein Trick, der auch von Profi-Rednern und Politikern gerne eingesetzt wird: Nehmen Sie eine Vertrauensperson mit und setzen Sie sie in die ersten Reihen. Diese Vertrauensperson soll Sie freundlich anlächeln und zustimmend nicken. So ist Ihnen mit Sicherheit zumindest eine Person im Saal freundlich gesinnt.

Suchen Sie häufig Blickkontakt mit Ihrer „Plus"-Person, solange bis Sie die erste Nervosität überwunden haben. Und immer, wenn Sie wieder positive Unterstützung brauchen, z.B. auch bei Fragen und Zwischenrufen, können Sie wieder Blickkontakt aufnehmen.

Was tun, wenn man keine Möglichkeit hat, die persönliche Vertrauensperson ins Publikum zu setzen? Dann nehmen Sie diese Person einfach als Ihren "inneren Begleiter" mit. Dieser „innere Begleiter" sollte ein Fan von Ihnen sein, Sie toll finden, Sie innerlich aufbauen und Ihnen den Rücken stärken!

Und sollte Ihnen das nicht so leicht fallen, sich nur vorzustellen, dass Ihr „innerer Begleiter" da ist und Sie unterstützt, gibt es noch eine Strategie: In beinahe jedem Publikum gibt es sogenannte „Plus"-Personen, auch wenn Sie keine hineingesetzt haben. Überprüfen Sie es. Schauen Sie aufmerksam ins Publikum. Es gibt immer Menschen, die freundlich lächeln und zustimmend nicken. Rhetorik-Trainer nennen sie im Jargon auch gerne „Nicker".

> **Tipp 3:**
>
> Halten Sie Blickkontakt zu „Plus"-Personen im Publikum und holen Sie sich positive Energie, wenn Sie sie brauchen!

Und noch ein Tipp: Achten Sie drauf, dass Sie mit dem Blickkontakt nicht bei den „Plus"-Personen hängen bleiben. Das ist verlockend, weil es so angenehm ist. Schauen Sie nach einiger Zeit bewusst auch wieder alle anderen Zuhörer an!

Vorfreude statt Angst

Niemand geht völlig unbeteiligt durch sein Leben. Unterschiedliche Situationen lösen unterschiedliche Gefühlszustände aus. In manchen Situationen sind mehr Gefühle im Spiel als in anderen. Und oft ähneln sich die empfundenen körperlichen Reaktionen.

Was passiert nun, wenn man vor ein Publikum tritt? Die häufigsten physiologischen Auswirkungen sind: ein wild pochendes Herz, ein beschleunigter Puls, weiche Knie, zittrige Gliedmaßen, eine zittrige Stimme, ein „Frosch" im Hals, aufsteigende Röte, schweißnasse Hände, Rauschen in den Ohren.

Registrieren Sie Ihre persönlichen Symptome und werden Sie sich Ihrer Zuschreibung von Gefühlen bewusst. Wahrscheinlich verbinden Sie mit diesen Symptomen: Angst, Lampenfieber, Panik, Stress, Nervenflattern.

Dabei machen die physiologischen Reaktionen allein die Angst nicht aus. Unser Körper ist auch in anderen Situationen in ähnlicher Art und Weise aktiviert, z.B. bei Gefühlen wie Überraschung, Freude, Wut, nach körperlicher Anstrengung, als Folge von Medikamenten, Kaffee, Aufputschmitteln, Alkohol und in überhitzten Räumen.

Haben Sie schon einmal daran gedacht, Ihre Symptome einfach positiv zu bewerten? Es ist doch sehr wahrscheinlich, dass Sie aufgeregt sind, weil Ihnen das Thema am Herzen liegt und Sie Ihr Publikum beeindrucken möchten, oder nicht? In diesem Fall sind die von Ihnen wahrgenommenen Symptome ein Zeichen von Mitteilungsdrang und Vorfreude. Freuen Sie sich auf Ihre Rede, da können Sie dann gleich Ihre neu erworbenen Kenntnisse und Fähigkeiten umsetzen. Schließlich lesen Sie gerade ein Praxisbuch über „Wirkungsvolle Rhetorik"! Lenken Sie Ihre Gedanken in eine positive Richtung. Sie haben die Wahl. Verschwenden Sie Ihre Energie nicht an Ängste und Vortragsblockaden.

> **Tipp 4:**
>
> **Lenken Sie Ihre Aufregung in positive Bahnen! Nutzen Sie Ihre „Vorfreude", um sich den nötigen Kick für Ihre Vorträge zu holen!**

Mit „magischen" Werkzeugen zaubern

Glücksbringer, Talisman oder magisches Werkzeug – was machen diese Dinge mit uns? Genau, in unsicheren Situationen geben sie uns Sicherheit. Sie lösen unmittelbar so starke, positive Gefühle in uns aus, dass sie Unsicherheit, Nervosität und Angst übertönen. Nutzen Sie die Kraft dieser magischen Werkzeuge.

Welche Dinge können uns diesen Dienst erweisen?
- das Foto eines geliebten Menschen
- ein bestimmtes Schmuckstück
- ein persönlicher Glücksbringer
- ein kleines Geschenk

- ein (Liebes)Brief
- ein besonderes Lied oder eine bestimmte Musik
- …

Ich persönlich bewahre meine magischen Werkzeuge in einer roten Schachtel auf. Man könnte auch „Ressourcen-Schachtel" dazu sagen. Gerne öffne ich den Deckel für Sie: Da sind Dinge drinnen, die mein Herz erfreuen, die mich an Erfolge und andere schöne Momente erinnern und mich sofort in positive Stimmung versetzen, wie z.B. Fotos von lieben Menschen, Fotos von besonderen Seminaren, Fotos von Ehrungen und Preisverleihungen, die ich erhalten habe, Diplome und Auszeichnungen, und – das Kostbarste für mich als Trainerin – Karten, Briefe und E-Mails von Coaching-Kunden und Seminarteilnehmern, in denen sie über Fortschritte und Erfolge berichten und mir danken. An dieser Stelle danke ich allen für das positive Feedback und hoffe, dass ich noch viel davon bekomme!

> **Tipp 5:**
>
> Legen auch Sie sich eine „Ressourcen-Schachtel" zu und bewahren Sie darin Ihre ganz persönlichen magischen Werkzeuge auf!

Die ganz besonderen Momente im Leben

Wir alle haben in unserem Leben schon viele Prüfungen und Herausforderungen bestanden und kleine und große Erfolge gefeiert. Das sind ganz besondere Momente im Leben, nur nehmen wir das meist für selbstverständlich. Dabei sind es gerade diese Momente, die uns berühren, die uns Freude bereiten, die uns Zufriedenheit, Sicherheit und innere Ruhe geben – und auch Kraft, Kraft für neue Herausforderungen.

Erinnern Sie sich bewusst an Ihre ganz besonderen Momente im Leben und füllen Sie Ihre „Selbstsicherheits-Tanks" mit der Energie und den Ressourcen vergangener Erfolge auf.

Übung „Meine persönlichen Erfolge":

Sammeln Sie zuerst einmal Ihre Erfolge – Sie werden sehen, da kommt einiges zusammen.

Meine Erfolge:

....

....

....

....

....

Übung „Moment of Exzellence":

Schließen Sie jetzt die Augen.

Denken Sie an einen Moment, in dem Sie wirklich stolz auf sich waren, wählen Sie einen Ihrer ganz großen Erfolge aus.

Tauchen Sie jetzt – mit geschlossenen Augen – in diesen Moment ein. Was haben Sie gefühlt? Erinnern Sie sich, wie Sie damals standen, wie Ihre Haltung war, was Sie mit den Händen gemacht haben, wie Sie den Kopf gehalten haben, ob Sie gelächelt haben. Nehmen Sie – immer noch mit geschlossenen Augen – genau diese Körperhaltung ein.

Öffnen Sie jetzt die Augen. Merken Sie sich Ihre Hand- und Körperhaltung. Das ist die Position, die Ihnen Sicherheit gibt und in der Sie am besten beim Publikum ankommen.

> **Tipp 6:**
> Wenn Sie unsicher sind, erinnern Sie sich an Ihre Erfolge und nehmen Sie Ihre ganz persönliche „Selbstsicherheitshaltung" ein!

Der innere Film

Unsere eigene Fantasie ist sehr mächtig. Sie kann uns Angst bescheren, sie kann uns aber auch zu einer gelassenen Einstellung verhelfen. Achten Sie einmal darauf, was innerlich bei Ihnen abläuft, wenn Sie Lampenfieber haben. Gehören Sie vielleicht zu jenen Menschen, die sich selbst innerlich in einem Horrorfilm mitspielen lassen?

Mentaltraining ist aus dem Spitzensport heute nicht mehr wegzudenken. Spitzensportler wie Thomas Muster und Boris Becker wissen es aus eigener Erfahrung: „Gewonnen und verloren wird zwischen den Ohren!"

Übung „So rede ich sicher":

Begeben Sie sich gedanklich in eine Redesituation und stellen Sie sich den Ablauf bewusst in allen Einzelheiten vor. Sie können sich in selbstsicherer Haltung reden sehen. Das haben Sie ja schon bei der letzten Übung trainiert.

Dann malen Sie sich Schritt für Schritt aus, wie Sie Ihren Auftritt souverän und gelassen meistern. Übernehmen Sie die Regie in Ihrem geistigen Heimkino. Sie können die Bilder bei Bedarf schneller oder langsamer ablaufen lassen, sie wie mit einem Zoom vergrößern oder verkleinern. Sie können in Schwarz-Weiß oder in Farbe drehen. Auf Ihrer inneren Leinwand können Sie jede Situation gefahrlos heranholen und so lange üben, bis Sie sich auch in der Realität sicher fühlen.

> **Tipp 7:**
> Nutzen Sie die Macht Ihrer Vorstellungskraft!

In der Stille der Gedanken

Wenn Sie unter Sprechängsten und -blockaden leiden, achten Sie einmal auf Ihre Gedanken. Meistens wird Ihnen auffallen, wie negativ und abwertend diese sind und welche Horrorszenarien Sie sich ausmalen. Hören Sie sofort auf damit. Bleiben Sie mit Ihren Gedanken im Hier und Jetzt. Stellen Sie alle negativen inneren Bilder und Stimmen ab – so als würden Sie sich in einen absolut keimfreien Raum begeben, wo einfach nichts drinnen ist.

> **Tipp 8:**
> Stoppen Sie negative Gedanken und Horrorvisionen! Bleiben Sie mit Ihren Gedanken im Hier und Jetzt!

Das Lampenfieber ist meist kurz vor Beginn einer Rede am allergrößten. Mit der folgenden Gedanken-Übung können Sie sich – ohne dass jemand anderer es merkt – kurz vor Ihrem Auftritt sammeln.

> **Übung „Gedankenstille":**
>
> Suchen Sie sich ein ruhiges Plätzchen und sagen Sie sich immer wieder: „Schweigen. Meine Gedanken schweigen. Ich lasse meine Gedanken schweigen." Denken Sie nur diese Sätze – immer wieder, und versuchen Sie so, sich zu befreien von negativen Gedanken, die Sie ängstigen oder lähmen.

Mit Atemtechnik entspannen

Als Erste-Hilfe-Maßnahmen in Angstsituationen empfehle ich Atemtechniken. Sie lassen sich auch unmittelbar vor einem Auftritt gut einsetzen. Mit den folgenden Übungen können Sie die Stressreaktionen verringern und Ängste abbauen. Achten Sie bei den Übungen auf Bauchatmung. Diese ist daran zu erkennen, dass sich der Bauch im Rhythmus von Ein- und Ausatmung hebt und senkt.

Übung „Fingerpuls-Atmen":

Schließen Sie die Augen. Legen Sie die Hände so zusammen, dass alle fünf Fingerkuppen-Paare Kontakt zueinander haben.

Verändern Sie den Druck so lange, bis Sie an den Kontaktflächen Ihren Puls fühlen.

Atmen Sie ruhig und gleichmäßig, wobei Sie länger aus- als einatmen.

Konzentrieren Sie sich auf Ihren Puls. Sie werden ihn immer deutlicher spüren. Er wird, zunächst kaum wahrnehmbar, seine Schlagfrequenz verlangsamen. Dann befinden Sie sich auf dem Weg der Entspannung.

Sie können diesen Prozess unterstützen, indem Sie beim Ausatmen jeweils von 1 bis 10 zählen.

Wiederholen Sie diese Übung mindestens 15mal.

Übung „Verzögertes Ausatmen":

Schließen Sie die Augen. Atmen Sie normal ein (wenn möglich durch die Nase). Nach dem Einatmen atmen Sie ohne Pause gleich

> wiederganz langsam aus.
>
> Die Ausatmung – und darauf kommt es an – wird gezügelt. Sie erfolgt beim verzögerten Ausatmen deutlich langsamer als beim herkömmlichen Ausatmen. Denn diese Phase bringt die eigentliche Entspannung. Die Ausatmung sollte möglichst doppelt so lange dauern (wenn nicht sogar dreifach so lange) wie die Einatmung.
>
> Unterstützen Sie sich, indem Sie innerlich beim Ausatmen doppelt so lange mitzählen wie beim Einatmen.
>
> Nach dem Ausatmen ergibt sich von selbst eine kleine Pause, bevor erneut das automatische Einatmen beginnt.
>
> Nach ein paar Minuten beenden Sie die Übung, indem Sie sich recken und strecken, tief ein- und ausatmen und schließlich die Augen langsam öffnen.

Tipp 9:
Nutzen Sie Atemtechniken zum Stressabbau!

Ein witziger Rollentausch

Ein witziger Tipp gegen Lampenfieber, den mir eine Schauspielerin erzählt hat: Drehen Sie die Situation einfach um. Nicht Sie, sondern die Zuschauer befinden sich auf der Bühne. Aus dieser Perspektive können Sie das Ganze mit anderen Augen betrachten und sich in der Rolle des Zuschauers innerlich zurücklehnen. Sie sind ja nun nicht mehr auf dem Präsentierteller, sondern die anderen. Entspannen Sie sich und schauen Sie die Menschen nun so an, wie Sie im Theater die Schauspieler auf der Bühne betrachten.

Nette Menschen dort auf der Bühne! Was macht denn der da? Interessante Krawatte, die der Herr in der zweiten Reihe links trägt. Wow, tolles Outfit der Dame links außen. Ach, der Herr mit der Glatze ähnelt meinem Onkel Franz! Solche Dinge und noch viele andere mehr werden Ihnen an den Zuschauern auffallen, wenn Sie sie mit dieser Aufmerksamkeit betrachten. Und ganz nebenbei kommen Ruhe und Gelassenheit zurück.

Mihaly Csikszentmihaly, der Entdecker des Flow-Prinzips, hat in eben diesem Buch eine interessante Aussage gemacht: „Um psychische Entropie (= innerliches Chaos, keine Kontrolle über Gedanken und Gefühle) zu erleben, muss man sich auf die innere Unordnung konzentrieren, doch wenn man seine Aufmerksamkeit auf das lenkt, was um einen herum geschieht, werden die destruktiven Wirkungen von Stress gemildert."

Und wo haben Sie gewohnheitsmäßig Ihre Gedanken kurz vor einer Rede? Wahrscheinlich konzentrieren Sie sich voll und ganz auf Ihre Nervosität. Hören Sie sofort auf damit. Konzentrieren Sie sich auf etwas anderes. Vollziehen Sie den Rollentausch mit Ihren Zuhörern, und nehmen Sie diese in Einzelheiten wahr.

> **Tipp 10:**
> Konzentrieren Sie sich nicht auf Ihr inneres Chaos, denn das verstärkt die Nervosität noch. Lenken Sie Ihre Aufmerksamkeit auf etwas anderes – etwas, das Sie im wahrsten Sinne des Wortes „auf andere Gedanken" bringt!

Notizen:

KAPITEL 3: SO BEREITEN SIE EINE REDE OPTIMAL VOR

Gute Vorbereitung ist der halbe Sieg!
10 Tipps für die optimale Redevorbereitung

*Neun von zehn Misserfolgen haben die gleiche Ursache:
Mangelhafte Vorbereitung.*

Amerikanisches Sprichwort

Sie sind bereit, den Schritt ins Rampenlicht zu wagen. Sie haben ein Thema, über das Sie sprechen werden. Und jetzt fragen Sie sich, wie Sie zu einer brauchbaren Rede kommen. Fragen Sie sich das nicht. Fragen Sie sich lieber, wie Sie zu einer sensationellen Rede kommen. Sie halten ein Buch über wirkungsvolle Rhetorik in den Händen. Ich betone es wieder einmal: Durchschnittlichkeit streben wir gar nicht erst an. Sie sollen wirken, Sie sollen Spitze sein!

Viele Gedanken und Ideen schwirren Ihnen im Kopf herum. In der Vorbereitungsphase geht es in erster Linie darum, Ideen zu filtern und Gedanken und Argumente zu ordnen. Erst wenn Ihnen das Thema und der gedankliche Aufbau klar sind, können Sie diese „innere Ordnung" auch auf andere übertragen.

Bedenken Sie: Unklare Gedanken ergeben unklare Aussagen. Man kann nur das klar und deutlich ausdrücken, was man zuvor klar und deutlich durchdacht hat!

Bevor Sie überhaupt vor anderen reden, sollten Sie sich über einige Punkte ganz intensiv Gedanken machen. Diese Vorüberlegungen helfen Ihnen, diese so enorm wichtige innere Ordnung und Klarheit zu erlangen. Ihr Publikum wird es Ihnen danken.

Die zehn Ws der Redevorbereitung:
- Worüber (Thema)
- wollen Sie (Redner)
- wen (Zuhörer)
- wozu (Ziel)
- wann und wo (Zeit, Ort, Situation)
- wie lange (Redezeit)
- was genau (Inhalte)
- wie (Rede- und Argumentationsaufbau)
- womit (Hilfsmittel)
- überzeugen/informieren (Art und Weise)

Das Thema: Worüber sprechen Sie?

Das Thema, über das Sie bei Ihrem Redeauftritt sprechen, ist wahrscheinlich das Einzige, das Sie zu diesem Zeitpunkt der Vorbereitung mit ziemlicher Sicherheit wissen. Trotzdem ist die Beantwortung der Frage „Worüber sprechen Sie?", wichtig. Eine präzise Antwort auf diese Frage hilft Ihnen, das Thema einzugrenzen, beim Thema zu bleiben, gedankliche Umwege bereits in der Redeplanung zu erkennen und Abschweifungen zu vermeiden.

Die Betonung liegt hierbei auf „präzise". Stellen Sie sich vor, das Thema ist Frieden. Was ist wirklich Ihr präzises Thema? Frieden auf der Welt, Frieden in der EU, Frieden in Österreich, Frieden in den Schulen, Frieden in der Familie? Auch wenn es schwer fällt: Grenzen Sie Ihr Thema ein und behalten Sie in der Folge diese Richtung bei.

> **Tipp 1:**
> Legen Sie möglichst präzise Ihr Thema fest! So schützen Sie sich am besten gegen Abschweifungen.

Die Person: Wie stehen Sie als Redner ...

Zuhörer haben ein untrügliches Gespür dafür, ob Vortragende selbst von ihrer Sache überzeugt sind oder Zweifel haben, ob sie hinter ihren Aussagen stehen oder nicht, ob sie gerne vortragen oder sich dazu zwingen, ob sie sicher sind oder unsicher, ob ihnen die Zuhörer wichtig sind oder nur die Sache bzw. ihr eigenes Ziel.

Kommen die Zuhörer zum Eindruck „Dieser Vortragende steht nicht hinter dem, was er sagt" oder „Diese Rednerin interessiert sich nicht für mich", schalten sie ab, oder sie gehen auf Konfrontationskurs, um den Vortragenden zu provozieren und sich so die nötige Aufmerksamkeit zu verschaffen.

... zu Ihrem Thema?

Vor jedem Vortrag sollten Sie sich die Frage stellen: „Stehe ich hinter meinem Thema? Freue ich mich darauf, den Zuhörern so etwas Interessantes mitteilen zu können? Wenn nicht, dann ändern Sie Ihren Vortrag so lange, bis sich das Gefühl einstellt „Ich freue mich darauf!" Sie werden feststellen, dass Sie sich viel besser und sicherer fühlen und dass dann automatisch auch Ihre Körpersprache stimmt.

... zu Ihren Zuhörern?

Wie gehen Sie vor, wenn Sie für jemanden, den Sie schätzen oder gar lieben, ein Geschenk aussuchen? Sie überlegen, was diese Person brauchen könnte, was sie noch nicht besitzt, worüber sie sich freuen wird. Vielleicht befragen Sie dazu noch Verwandte oder Freunde dieser Person oder die Person selbst. Kaufen werden Sie dann aber etwas, das auch Ihnen gefällt und das Sie dann voller Freude überreichen.

Versuchen Sie, Ihre Vorträge ebenfalls als Geschenk zu sehen. Im Wort „Präsentation" steckt ja sogar „Präsent", das Geschenk, drinnen. Denken Sie darüber nach, was Ihre Zuhörer schon kennen und was sie brauchen können, was sie nicht leiden können und worüber sie sich freuen. Vielleicht befragen Sie Ihre Zuhörer vorher dazu oder ziehen andere Informationsquellen zu Rate. Achten Sie bei der Ausarbeitung des Vortrags darauf, dass etwas entsteht, was nicht nur den Zuhörern, sondern auch Ihnen gefällt. So entsteht eine Kombination aus Orientierung an den Zuhörern und eigenem Enthusiasmus.

... zu sich selbst?

Was halten Sie von sich in der Rednerrolle? Dorothy Sarnoff, eine bekannte amerikanische Rhetorik-Trainerin, empfiehlt zur persönlichen Vorbereitung auf einen Auftritt die folgenden positiven Suggestionen:
„Ich freue mich hier zu sein!"
„Ich freue mich, dass Sie hier sind!"
„Ich bin für Sie da!"
„Ich bin gut vorbereitet!"

Diese Formeln soll man sich innerlich immer wieder vorsagen. Natürlich helfen diese positiven Suggestionen besser, wenn dahinter auch die entsprechende Einstellung steht.

Über Ihre Einstellung sollten Sie sich in einer ruhigen Minute einmal klar werden. Beantworten Sie für sich folgende Fragen: Wie denke ich über mich selbst? Identifiziere ich mich mit dem Thema, dem Produkt, den Inhalten und den eingesetzten Medien? Wie denke ich über meine Zuhörer? Wenn Sie diese Fragen nicht positiv beantworten können, helfen auch die selbstsuggestiven Formeln wenig.

„Der Mensch ist das, was er den ganzen Tag lang denkt!" hat der amerikanische Philosoph Ralph Waldo Emerson schon im 19. Jahrhundert erkannt. Ob Sie das nun für wahr halten oder nicht, es kann auf keinen Fall schaden, auf gute und konstruktive Gedanken und ein positives Selbstbild zu achten. Sie können anhand eines einfachen Tests ausprobieren, was mit Ihrem Körper passiert, wenn Sie negativ denken. Der so genannte Armtest kommt aus der Kinesiologie und gibt Hinweise über den ganz persönlichen, energetischen Zustand.

Übung „Armtest":

Diese Übung führen Sie am besten mit einer zweiten Person, die Sie testet, durch:

Sie stehen aufrecht und strecken einen Arm zur Seite. Die Handflächen zeigen dabei zum Boden. Der Übungspartner stellt sich vor Sie hin und legt eine Hand zur Stabilisierung auf Ihre Schulter. Die andere Hand legt der Übungspartner leicht auf Ihren ausgestreckten Arm, genau oberhalb des Handgelenks.

Danach leitet Sie der Übungspartner an, sich gedanklich in eine Situation zurückzuversetzen, in der Sie sich richtig stark gefühlt haben, die ein ganz besonderer Erfolg war, ein Moment mit einem unbeschreiblichen Glücksgefühl. Vielleicht denken Sie an eine bestandene Prüfung oder als Sie sich getraut haben, Ihren Traummann/Ihre Traumfrau erfolgreich anzusprechen, oder an einen gewonnen Wett-

> bewerb, an eine Siegerehrung. Wenn Sie Ihre „Erfolgssituation" gefunden haben, erinnern Sie sich bis in alle Details zurück und kosten den Moment wieder und wieder in vollen Zügen aus.
>
> Und wenn Sie wieder voll und ganz in diesem Glücksgefühl von damals sind, dann fordert Sie der Übungspartner auf, Widerstand zu leisten, während er versucht, den Arm mit Gefühl nach unten zu drücken. Der Übungspartner kann den Arm dabei (max. 3 Sekunden) durchaus fest drücken, aber nicht ruckartig.
>
> Die Übung heißt „Armtest", also beobachten Sie, wie Ihr Arm auf den Druck reagiert.
>
> Wiederholen Sie nun den Vorgang, allerdings mit einer negativen Situation, einer Situation, die Sie am liebsten aus Ihrem Gedächtnis streichen würden, wo Sie sich vielleicht blamiert haben und am liebsten im Erdboden versunken wären.
>
> Während Ihr Übungspartner wieder Ihren Arm drückt, beobachten Sie wieder, wie Ihr Arm reagiert.

Bitte lesen Sie an dieser Stelle erst weiter, wenn Sie den Test gemacht haben, bzw. überspringen Sie die Erläuterung im nächsten Absatz.

Was haben Sie beobachtet? Wahrscheinlich konnten Sie beim ersten Durchgang dem Druck standhalten, beim zweiten war Ihr Arm schwächer. Was steckt dahinter? Jeder Muskel im Körper kann durch so genanntes An- oder Abschalten Auskunft über energetische Zustände geben. Ist der energetische Zustand durch gute Gedanken und Gefühle positiv, schaltet der Muskel ein und ist stark. Ist der energetische Zustand durch eine Stresssituation oder negative Gedanken schwach, schaltet der Muskel ab und die Kraft lässt deutlich nach. Dieser kleine Test soll Ihnen bewusst machen, dass es nicht egal ist, wie wir denken – über uns selbst und über bestimmte Situationen.

Schon eingangs habe ich darauf hingewiesen, auf Ihre inneren Stimmen zu achten, ob diese Ihnen bei einem bevorstehenden Redeauftritt panisch zurufen „Ich kann nicht!", oder ob Sie ein freudiges „Ich kann!" hören. Und das Beste daran: Sie haben die Wahl, Sie können an Ihrer Einstellung arbeiten.

> **Tipp 2:**
>
> **Achten Sie auf Ihre Einstellung zum Thema, zu den Zuhörern und zu sich selbst! Je positiver Ihre Gedanken sind, desto positiver wirken Sie!**

Das Publikum: Was bewegt die Zuhörer?

Der irische Dramatiker Oscar Wilde erlebte einst bei einer Theaterpremiere ein fürchterliches Fiasko. Das neue Stück fiel beim Publikum völlig durch. Als Autor war er mit seinem Werk natürlich hoch zufrieden. Der Presse gegenüber äußerte er sich dann so: „Das Stück war ein großer Erfolg, aber das Publikum eine glatte Fehlbesetzung."

Das sollte Ihnen bei Ihren Reden und Präsentationen nicht passieren. Sie können sich auch kein anderes Publikum aussuchen, aber Sie können in Erfahrung bringen, was Ihre Zuhörer von Ihnen erwarten. Ihr Publikum, das sind Menschen, Menschen die Ihnen zuhören sollen. Allerdings sind das unterschiedliche Menschen mit unterschiedlichen Erfahrungen und unterschiedlichen Bedürfnissen. Und die wichtigste Erkenntnis für Sie muss sein, dass es sehr unwahrscheinlich ist, dass sich die unterschiedlichen Interessen Ihrer Zuhörer genau mit dem decken, was Sie über das Thema wissen.

Besonders bei Fachleuten, die wirklich Experten sind in einem Themenbereich, besteht die Gefahr, dass sie ihr enormes Wissen ungefiltert weitergeben und an den wahren Interessen der Zielgruppe vorbeireden. Erwarten Sie nicht, dass Ihre Zuhörer sich die Mühe machen, unverständlichen und (für sie) bedeutungslosen Informationen auch nur auf halbem Wege entgegenzugehen. Es ist einzig und allein Ihre Aufgabe als Sender einer Nachricht, den anderen zu zeigen, wie sie davon betroffen sind und was sie davon haben.

Eine der wichtigsten Voraussetzungen für den Redeerfolg ist: Vergessen Sie (vorerst), was Sie selbst für wichtig halten und stellen Sie auch das zurück, was in Ihren Augen „unbedingt" gesagt werden muss. Streichen Sie vor allem (vorläufig) alles, auf das Sie selbst stolz sind: die Schwierigkeiten, die Sie bei dem Projekt überwunden haben, das einzigartige Leistungsprofil Ihrer neuen Anlage u.ä. Konzentrieren Sie sich stattdessen ganz auf Ihre Zielgruppe und analysieren Sie diese so detailliert wie möglich, denn Ihre Zuhörer werden vorwiegend von einer einzigen Frage bewegt: „Was bedeutet das Ganze für mich?"

Sagen Sie Ihren Zuhörern, wie Sie von Ihrem Vortrag profitieren und warum es wichtig ist, Ihnen zuzuhören. Das nennt man „Nutzenargumentation". Versuchen Sie für eine optimale Vorbereitung auf die Zuhörer, folgende Fragen zu beantworten:

- Wer sind Ihre Zuhörer?
- Ist diese Zielgruppe eher homogen oder inhomogen?
- Welche Strömungen könnte es bei inhomogenen Gruppen geben?
- Welche Einstellungen herrschen vor - zum Thema, zu Ihnen als Redner, zur Firma?
- Welches Vorwissen haben die Zuhörer?
- Welche Interessen, Bedürfnisse, Motive haben die Zuhörer?
- Welche Inhalte sind wichtig, um das Ziel zu verstehen?
- Welche Fragen und Einwände sind möglich?

Wenn Sie wenig Vorbereitungszeit haben, dann versuchen Sie wenigstens eine Minimalanalyse zu machen und die folgenden drei Fragen zu beantworten:

- Was können Sie bei den Zuhörern an Wissen voraussetzen?
- Warum genau sind Ihre Informationen für dieses Publikum interessant und wichtig?
- Welche Informationen brauchen die Zuhörer, um die Bedeutung Ihrer Ausführungen zu verstehen?

Tipp 3:
Wer andere bewegen will, muss wissen, wodurch sie zu bewegen sind.

Die Kernbotschaft: Was ist Ihr Redeziel?

Im modernen Management und vielen anderen Bereichen wird heute zielorientiert vorgegangen. Bei der Vorbereitung einer Rede wird dieser Punkt von vielen häufig sträflich vernachlässigt. Meistens wird bei der Vorbereitung der Frage nachgegangen: Was weiß ich über das Thema? Dann werden die einzelnen Unterthemen aneinandergereiht und schon wird drauf losgeredet. Der folgende Ausspruch vom römischen Philosophen Seneca gilt insbesondere beim Überzeugen:

„Wer den Hafen nicht kennt, in den er segeln will, für den ist kein Wind der richtige."

Jede gute Rede braucht eine klare Botschaft, ein Ziel. Wer eine Rede beginnt, muss wissen, was er sagen will. Konzentrieren Sie den Inhalt Ihrer Rede in einem einzigen Satz. Das ist schwer, denn Sie müssen sich festlegen. Und festlegen bedeutet auch, dass Sie sich einschränken müssen. Nicht mehr jedes Detail ist wichtig, nur noch die zielführenden Details werden weiter verfolgt. Doch diese Konzentration ist zwingend nötig, wenn Sie nicht Gefahr laufen wollen, sich ziellos und ohne roten Faden im Thema zu verlieren und Ihr Publikum zu verwirren. Investieren Sie viel Aufmerksamkeit, Mühe und Zeit in die Formulierung der Kernbotschaft. Sie wird sich wie ein roter Faden durch die gesamte Rede ziehen.

Ihnen dient die Kernbotschaft in erster Linie zur Redevorbereitung, um das Wichtige vom Unwichtigen trennen. Für Ihre Zuhörer ist die Kernbotschaft die Quintessenz der Rede, das was sie sich merken sollen. Wenn jemand fragen würde, worum es denn bei dem Vortrag ging, so sollten Ihre Zuhörer zumindest Ihre Kernbotschaft wiedergeben können.

Gerade die Eingrenzung des Themas auf ein klares Ziel bereitet vielen Schwierigkeiten. Zur Klärung können Sie die folgenden Fragen beantworten:
- Welches Ziel möchten Sie bei Ihren Zuhörern erreichen?
- Was sollen Ihre Zuhörer nach Ihrer Rede denken, fühlen und/ oder tun?
- Wozu?

Die Frage „Wozu?" können Sie so lange stellen, bis Sie wirklich wissen, was Ihre Zuhörer mit Ihrer Rede anfangen können und wozu sie ihnen nützt.

> **Tipp 4:**
> Ihr klar formuliertes Ziel schreiben Sie groß auf ein Blatt Papier und legen es, während Sie Ihre Rede vorbereiten, gut sichtbar vor sich auf den Schreibtisch. Auf diese Weise haben Sie Ihr Ziel „immer vor Augen"!

Die Kernbotschaft ist nicht alles! Neben Ihrer Sachinformation liefern Sie immer auch einen „persönlichen Eindruck" – planen Sie diesen! Beantworten Sie in diesem Zusammenhang auf alle Fälle eine zentrale Frage: Welchen Eindruck will ich machen?

Übung „Diesen Eindruck möchte ich hinterlassen":

Denken Sie an eine bestimmte Vortragssituation und überlegen Sie, welchen Eindruck Sie in dieser Situation gerne machen würden:

charmant, dynamisch, entschlossen, erfahren, gründlich, herausfordernd, humorvoll, innovativ, intellektuell, kompetent, kreativ, objektiv, originell, selbstsicher, überzeugend, vertrauenswürdig, weitblickend, witzig, . . .

Konzentrieren Sie sich auf jene Eigenschaften, die bereits auf Sie zutreffen und nehmen Sie sich vor, diese oder jene Facette Ihrer Persönlichkeit nicht dem Zufall zu überlassen, sondern bewusst einzusetzen.

Überlegen Sie sich mögliche Konsequenzen für die Vorbereitung Ihres Vortrages/ Ihrer Präsentation!

Ort und Zeit: In welcher Situation reden Sie?

Beachten Sie Ort, Raum und Zeit. Es ist ein bedeutender Unterschied, ob Sie Ihren Vortrag morgens, nachmittags oder abends, in einem kleinen Raum oder in einem Vortragssaal halten. Welche technischen Hilfsmittel stehen zur Verfügung? Wie ist die Anordnung der Sessel und ev. Tische? Sprechen Sie alleine oder als einer von mehreren?

Beachten Sie: Sind Sie z.B. eingeladen, bei einem Tages-Kongress (9.00 bis 17.00 Uhr) zu referieren, so ist die günstigste Redezeit zwischen 10.00 und 11.00 Uhr. Sie haben voraussichtlich weniger Lampenfieber und Erwartungsangst, wenn Sie frühzeitig reden können. Gleich um 9.00 Uhr ist insofern eher ungünstig, weil unter den Zuhörern noch viel Unruhe herrscht, einige kommen zu spät, andere haben das Mobiltelefon noch nicht abgeschaltet.

> **Tipp 5:**
> **Schaffen Sie sich optimale Rahmenbedingungen für Ihren Auftritt!**

Die Redezeit: Wie lange reden Sie?

Sehr häufig fragen meine Seminarteilnehmer und Coaching-Kunden nach der richtigen Redelänge. Wie lang darf eine Rede sein? Früher gab es eine rhetorische Regel, die lautete: „Rede über alles, nur nicht über zwanzig Minuten!" Davon halte ich wenig, denn die Dauer sagt wenig über die Qualität einer Rede aus. Eines stimmt auf alle Fälle: Für einen schwachen Redner ist alles über zwanzig Minuten problematisch. Vor jungem Publikum und in schnelllebigen Branchen, die den Zeitgeist huldigen, wie z.B. Werbung, Mode, Showbusiness, können fünf Minuten schon eine Ewigkeit sein.

Die einfache Grundregel „So lange wie nötig und so kurz wie möglich!", ist meines Erachtens die bessere Antwort. Eine gute Rede muss mindestens so lang sein, dass die Botschaft rüberkommt – und so kurz, dass kein Zuhörer innerlich abspringt.

Der Dichter Johann Wolfgang von Goethe pflegte mit seiner Freundin Charlotte von Stein einen regen Briefkontakt. Viele von Goethes Briefen an die Hofdame sind veröffentlicht worden. Größtenteils sind es eher knappe Passagen, in denen Goethe zum Beispiel über die Eindrücke auf seiner Italienreise berichtet. Besonders berühmt ist jedoch ein langer Brief, den der Dichter so beginnt: „Heute schreibe ich Dir einen langen Brief; für einen kurzen hatte ich keine Zeit."

Was hat diese Geschichte übers Briefeschreiben mit Rhetorik zu tun? Ganz einfach: Eine kurze Rede vorzubereiten ist schwieriger als eine lange. Statt bequemer Weitschweifigkeit in der langen Rede, muss in der Kurzrede jede Passage, jeder Satz, ja sogar jedes Wort sitzen. Die Kurzrede ist konzentriert und verdichtet auf das wirklich Wesentliche. Das gelingt umso besser, je klarer der Redner weiß, was er will. Denken Sie an die Kernbotschaft! Kurze Reden zwingen zu Genauigkeit und Präzision, dem Zuhörer präsentieren Sie weniger, dafür bessere Inhalte.

> **Tipp 6:**
> **Eine Rede ist nicht dann gut, wenn man nichts mehr hinzufügen kann, sondern dann, wenn man nichts mehr weglassen kann!**

Halten Sie sich an die Grundregel „In der Kürze liegt die Würze!", sonst könnte es sein, dass man diesen Witz über Sie erzählt:
Ein Zuhörer fragt einen anderen: „Wie lange redet der Bundeskanzler jetzt schon?" Antwort: „Eine halbe Stunde."
Zuhörer: „Und worüber redet er?" Antwort: „Das sagt er nicht."

Die Inhalte: Worüber genau sprechen Sie?

Die große Gefahr liegt darin, dass Menschen, die eine Rede vor Publikum halten, meistens Experten für dieses Redethema sind und dementsprechend viel zu sagen haben. Viele Experten geben dem Bedürfnis nach, all Ihr Wissen auszubreiten und alles, aber auch wirklich alles dem Publikum mitzuteilen. Der französische Schriftsteller Voltaire meinte dazu: „Das Geheimnis zu langweilen besteht darin, alles zu sagen!"

Wenn Sie eine Rede vor Publikum halten, dürfen Sie vieles, nur eines dürfen Sie auf gar keinen Fall: Ihr Publikum langweilen!

Als abschreckendes Beispiel eine Anekdote von Mark Twain: „Ein Missionar erzählte mit prächtiger Stimme und ergreifenden Worten von Not leidenden Kindern in Afrika. Ich war so gerührt, dass ich statt der 50 Cents, die ich zu opfern gedachte, die Spende verdoppeln wollte. Die Schilderungen des Missionars wurden immer eindringlicher und ich nahm mir vor, meine Gabe weiter zu steigern, auf 2, 3, 5 Dollar. Schließlich war ich dem Weinen nahe. Ich fand, alles Geld, das ich bei mir trug, reichte nicht, und ich tastete nach meinem Scheckbuch. Der Missionar aber redete und redete, und die Sache wurde mir allmählich langweilig. Ich ließ die Idee mit dem Scheckbuch fallen und ging auf 5 Dollar herunter. Der Missionar redete weiter. Ich dachte: ein Dollar genügt! Der Missionar fand immer noch kein Ende. Als er endlich fertig war, legte ich 10 Cents auf den Teller."

Haben Sie Erbarmen mit Ihren Zuhörern. Wer ein Thema erschöpfend behandelt, erschöpft in erster Linie die Zuhörer. Orientieren Sie sich bei der Auswahl der Inhalte an Ihrer Kernbotschaft. Wer zuviel redet, redet in die Breite. Sie sollen jedoch nicht in die Breite reden, sondern in die Tiefe. In die Tiefe reden bedeutet, dass Sie Ihr Thema erlebbar machen.

Erzählen Sie Anekdoten und berichten Sie von Praxisanwendungen und Erfahrungsberichten. Bringen Sie viele Beispiele. Ein kurzes, prägnantes Beispiel kann oft mehr aussagen als 1000 Worte. Es bringt nichts, wenn die Zuhörer zwar sehr viel gehört haben, aber nichts behalten, weil sie mit zu vielen Informationen überfordert wurden. Besser, Sie beleuchten nur zwei, drei Aspekte einer Sache, dafür so, dass die Zuhörer gut folgen können.

Beachten Sie auch die folgende Regel beim Zusammenstellen der Inhalte: Bei jeder Rede sollte man abwechselnd mal schwere und mal leichte Kost bieten, also Daten, Zahlen, Fakten, Tatsachen abwechseln mit Beispielen, Praxisanwendungen und Geschichten.

Wahrscheinlich haben Sie über Ihr Thema mehr als nur zwei bis drei Punkte zu erörtern. Als Expertin, als Experte könnten Sie wahrscheinlich stundenlang über Ihr Thema reden. Das heißt, Sie müssen sich beschränken und auswählen. Zuhörerorientierung und Zielorientierung sind jetzt gefragt. Am besten gehen Sie so vor, dass Sie auf der einen Seite die Interessen Ihrer Zuhörer im Auge behalten, auf der anderen Seite haben Sie ja bereits Ihre Kernbotschaft festgelegt. Vor diesem Hintergrund wählen Sie jetzt die zwei bis drei Hauptpunkte aus, die Sie zum Redeziel führen und die für die Zuhörer nützlich sind. Dürfen es nur zwei bis drei sein? Nein, nicht unbedingt. Die Anzahl der Hauptpunkte kann je nach der Länge Ihres Vortrags und der Menge an Informationen, die Sie hineinpacken, variieren. Nehmen Sie aber allerhöchstens fünf Hauptpunkte, mehr können sich die meisten Menschen nicht merken.

> **Tipp 7:**
>
> **Weniger ist mehr! Wer ein Thema erschöpfend behandelt, erschöpft in erster Linie die Zuhörer!**

Die Struktur: Wie sind die Inhalte aufgebaut?

„Wie ich eine gute Predigt aufbaue? Ganz einfach. Am Beginn erzähle ich den Leuten, was ich ihnen erzählen werde. Dann erzähle ich es ihnen. Und dann erzähle ich ihnen, was ich ihnen erzählt habe." Die Geschichte wurde überliefert, die Quelle, ein unbekannter Dorfprediger, ging verloren. Trotzdem ist dieser überlieferte Ausspruch auch heute noch eine rhetorische Grundregel: Geben Sie Ihren Zuhörern zuerst einen kurzen Überblick, bringen Sie dann Ihre Inhalte und fassen Sie am Ende die Kernaussagen noch einmal zusammen.

> **Übung:**
>
> Grob können wir eine Rede in drei Hauptphasen unterteilen: in Einleitung, Hauptteil und Schluss. Und nun zwei Aufgaben dazu:
>
> 1. Reihen Sie die drei Phasen in der Reihenfolge, wie viel Aufmerksamkeit, Zeit und Energie Sie für die Vorbereitung der jeweiligen Phase aufwenden.
>
> 2. Reihen Sie die drei Phasen in der Reihenfolge, wie sie, Ihrer Meinung nach, zum Redeerfolg beitragen.

Ich vermute einmal, dass Sie den Hauptteil jeweils ganz nach vorne gereiht haben. Das ist bei den meisten Menschen so, weil es im Hauptteil um die Inhalte geht, die sie transportieren wollen und weil sie sich bei den Inhalten sicher fühlen. Selbstverständlich ist der Hauptteil auch wichtig, bedenken Sie jedoch: „Der erste Eindruck entscheidet – der letzte bleibt!" Diese rhetorische Weisheit soll Ihnen die enorme Bedeutung von Anfang und Schluss der Rede nahe bringen. Die Einleitung entscheidet darüber, ob das Publikum weiter zuhört. Der Schluss bleibt als das zuletzt Gesagte am besten im Gedächtnis haften und wird sozusagen mit nach Hause genommen.

Vor einigen Jahren habe ich einen Artikel geschrieben, in dem ich das Reden mit dem Fliegen verglichen habe. Man möge es nicht glauben, aber da gibt es interessante Gemeinsamkeiten. Was sind die unfallkritischen Phasen beim Fliegen? Richtig, Start und Landung. Unterwegs läuft es in der Regel gut. In welchen Passagen passieren beim Reden die meisten Pannen? Richtig, beim „Starten" und „Landen", also beim Anfang und beim Schluss. Unterwegs, bei den inhaltlichen Punkten im Hauptteil, läuft es auch meistens gut. Für Sie als Redner bedeutet das: Anfang und Schluss der Rede sind für den Redeerfolg entscheidend und müssen sitzen. Ein guter Start gibt Sicherheit und trägt Sie durch den Vortrag. Mit einem souveränen Schluss bleiben Sie Ihren Zuhörern im Gedächtnis. Bereiten Sie Anfang und Schluss wort-wörtlich vor und lernen Sie diese paar Sätze, wenn es sein muss, sogar auswendig. Ist immer noch besser, als unsicher zu beginnen und schwammig aufzuhören. Sorgen Sie für sicheres Starten und Landen.

Soviel zur Bedeutung von Einleitung und Schluss. Aber wie können Sie jetzt den Ablauf planen? Wie schaffen Sie es, dass sich ein „roter Faden" durch Ihren Vortrag zieht?

Richtig, Sie müssen Ihre Inhalte strukturieren. Sie erinnern sich: Klare Gedanken ergeben klare Aussagen. Wichtig: Eine Gliederung sollte nie Selbstzweck sein, sondern immer nur Hilfsmittel für den logischen Fluss der Rede. Formeln, um eine Rede zu strukturieren, gibt es viele. Eine, die wirklich viel Spielraum lässt und trotzdem einen Rahmen vorgibt, ist die **AIDA-Formel**.

Das AIDA-Modell kommt ursprünglich aus der Werbewirkungsforschung. Es postuliert, dass es das Ziel aller Werbeanstrengungen sein müsse, den folgenden Stufenprozess auszulösen: Aufmerksamkeit (**a**ttention) bei der Zielgruppe zu erregen. Dann komme es darauf an, Interesse (**i**nterest) am Werbeobjekt zu wecken. Auf dessen Grundlage soll sich bei den potentiellen Käufern der Kaufwunsch (**d**esire) einstellen. Der Kaufwunsch wiederum soll in die Tat (**a**ction) umgesetzt werden. War die Werbemaßnahme erfolgreich, kaufen die Kunden das Werbeobjekt. So weit, so gut.

Dass die AIDA-Formel auch in der Rhetorik zur Anwendung kommt, liegt daran, dass sowohl Werbung als auch Rhetorik letztendlich dem selben Ziel dienen: Werbeleute wollen verkaufen, und auch Redner wollen verkaufen – ihr Wissen, ihre Inhalte, ihre Ideen, ihre Angebote, ihre Produkte.

Umgelegt auf die Rhetorik besteht ein Vortrag nach der AIDA-Formel aus vier Teilen:

1. **A**ufmerksamkeit erzeugen
2. **I**nteresse wecken
3. **D**arlegen der Inhalte und dringenden Wunsch wecken
4. Zur **A**ktion auffordern

1. Aufmerksamkeit erzeugen: Ein starker Einstieg soll Ihnen die Aufmerksamkeit Ihres Publikums sichern. Im Abschnitt „Der erste Eindruck … 10 Tipps für den gelungenen Start" lernen Sie verschiedene Attention-Getter für einen aufmerksamkeitsstarken Start kennen. Ganz sicher nicht dazu gehören endlos lang herunter gebetete Begrüßungen und nichts sagende Floskeln, wie „Ich freue mich, dass Sie so zahlreich erschienen sind, blah, blah, blah, …"

2. Interesse wecken: Der Zauber des Anfangs währt nur kurz, wenn Sie es nicht schaffen, Ihre Zuhörer wirklich für das Thema zu interessieren. Nun, was interessiert Menschen? Richtig, das was sie irgendwie betrifft bzw. das wovon sie einen Vorteil haben. Womit wir wieder bei der Zuhörer- und Nutzenorientierung wären! Sagen Sie Ihrem Publikum, warum es wichtig und interessant ist, weiter zuzuhören. Versprechen Sie Ihren Zuhörern einen ganz klaren Nutzen.

3. Darlegen der Inhalte und dringenden Wunsch wecken: Sie sind im Hauptteil angekommen. Hier argumentieren und verkaufen Sie Ihre Ideen. Beachten Sie folgende Grundsätze:

- Weniger ist mehr: Bringen Sie im Hauptteil höchstens drei bis fünf Hauptpunkte. Wechseln Sie ab zwischen Informationsblöcken und „leichter Kost", also Beispielen und Geschichten.

- Vom Bekannten zum Unbekannten: Das ermöglicht den Zuhörern neue Informationen an Bekanntes anzuknüpfen und erleichtert damit das Behalten.
- Vom Überblick zum Detail: Bevor Sie ins Detail gehen, geben Sie zuerst eine Übersicht über das Thema und erläutern Hintergründe, Sinn und Zweck. Erst dann folgen die Detailinformationen.

4. Zur Aktion auffordern: Denken Sie an Ihr Redeziel, an Ihre Kernaussage. Was sollen Ihre Zuhörer am Ende denken, fühlen und/oder tun? Verpacken Sie Ihre Botschaft in einem kraftvollen Schlusssatz! Mehr dazu in Kapitel „Ende gut – alles gut! 10 Tipps für einen starken Abgang".

Gerade für Redeanfänger sind Redestrukturen eine hilfreiche Unterstützung. Hier noch drei weitere:

Fünf-Punkte-Formel (eine Erweiterung der AIDA-Formel):
- Interesse wecken
- Sagen, worum es geht
- Begründungen
- Beispiele bringen
- Zur Aktion auffordern

Formel nach Wittsack:
- Warum spreche ich? (Bedeutung des Themas)
- Was war?/Was ist? (IST-Zustand)
- Was sollte sein? (SOLL-Zustand)
- Wie lässt sich das erreichen? (Lösungsvorschläge)
- Was können wir tun? (Appell, den vorgeschlagenen Weg zu gehen)

Überzeugungsformel:
- Einleitung, Schlagzeile
- Situation, Problem darstellen
- Negative Folgen, wenn wir nicht handeln
- Zielrichtung („Das Wichtigste ist also, dass ...)
- Zustimmung der Zuhörer einholen („Richtig?")
- Vorschlag detailliert erläutern
- Darstellen der Vorteile, Nutzen
- Festlegen der nächsten Schritte
- Schlusssatz

> **Tipp 8:**
> Eine Rede ohne klaren Aufbau ist wie ein Haus ohne Fundament. Der klare Aufbau gibt Ihnen als Rednerin und als Redner Sicherheit und Ihren Zuhörern Orientierung!

Stichwortzettel oder Manuskript: Welche Hilfsmittel verwenden Sie?

Vielleicht gehören Sie zu den Menschen, die, wenn Sie vor einem Zuhörerkreis sprechen, dies meistens mit einer Power-Point-Präsentation tun. Und vielleicht gehören Sie zu den Menschen, die sich jetzt denken: „Ach was, Stichwortzettel brauche ich doch nicht, dafür gibt es doch Power-Point!" Wenn Sie etwas dazulernen wollen, lesen Sie weiter!

Eine Frage, die immer wieder in meinen Seminaren thematisiert wird: „Kann ich mit meiner Vorlage sprechen?" Der Weg zur Antwort ist ein ganz simpler, aber wirkungsvoller: Die Teilnehmer probieren es einfach aus und ich als Trainerin filme sie. Häufig halten sie einen Schreibblock in der Hand, der wie ein Schutzschild vor dem Bauch platziert wird. Beim Video-Feedback sehen sie dann selbst, wie ihnen der riesige Schreibblock an Wirkung nimmt. Und auf die Wirkung kommt es letztendlich an. Und eine weitere Gefahr birgt so ein Manuskript in sich: Man ist sehr verleitet abzulesen. Merken Sie sich: Ein ausformuliertes Manuskript – noch dazu vielleicht in Form und Größe eines Schreibblocks – hat in der Hand des Redners nichts verloren.

Ein ausformuliertes Manuskript, wo der Redetext vom Anfang bis zum Schluss aufgeschrieben wird, kann in einem Fall sinnvoll sein, dann nämlich, wenn jemand noch keine große Vortragserfahrung hat bzw. bei einem neuen Redethema. Hier kann das Schreiben eines Manuskripts zusätzliche Sicherheit geben. Auch professionelle Redenschreiber, die für andere, meist Führungspersonen aus Wirtschaft und Politik, die Reden vorbereiten, müssen für Ihre Kunden die ganze Rede wortwörtlich ausformulieren.

Wenn Sie Ihr eigenes Redemanuskript schreiben, dann markieren Sie mit einem Leuchtstift jene Punkte, welche die Stichworte liefern sollen und übertragen Sie diese auf eine oder mehrere Stichwortkarten. Zum Auftritt selbst nehmen Sie nur die Stichwortkarten mit. Das Manuskript lassen Sie zu Hause, so kommen Sie gar nicht erst in Versuchung, es zu verwenden und trotz aller guten Vorsätze abzulesen.

Geübten Rednern, die aus dem eigenen Sachgebiet referieren und das Thema voll und ganz beherrschen, genügt meist ein grobes Stichwortkonzept. Die Stichwörter müssen typisch und aussagekräftig sein und den „roten Faden" der Rede wiedergeben. Ein Blick auf die Stichwortkarte muss genügen, um zu wissen, worum es geht.

Wie Ihnen vielleicht schon aufgefallen ist, rede ich von Stichwortkarten und nicht von Stichwortzetteln. Ich empfehle Ihnen, statt Zetteln oder großen Schreibblöcken lieber Karteikarten oder andere Karten aus dünnem Karton in Größe A6 zu verwenden.

Hier noch ein paar praktische Tipps zu den Stichwortkarten:

- Beschriften Sie die Stichwortkarten nur auf einer Seite.
- Wenn Sie mehrere Karten haben, nummerieren Sie diese, sonst sind Pannen vorprogrammiert. Früher oder später bekämen Sie ein Durcheinander.
- Schreiben Sie groß und deutlich. Anfänger machen immer wieder den Fehler, ihr komplettes Redemanuskript auf Stichwortkarten zu kritzeln. Was nützen Ihnen Stichwortkarten, wenn Sie nichts darauf lesen können? Seien Sie mutig, verwenden Sie wirklich nur markante Stichworte.
- Auch persönliche Notizen, wie z.B. „Langsam Sprechen!" sind nützlich!
- Ein Tipp noch für Brillenträger: Schreiben Sie praktischerweise so groß, dass Sie die Stichworte ohne Lesebrille erkennen können. So ersparen Sie sich und den Zuhörern das lästige Brille-ab-Brille-auf.
- Nehmen Sie die Stichwortkarten in die schwächere Hand. Als Rechtshänder ist das die linke, als Linkshänder die rechte Hand. Sonst kann es leicht passieren, dass Sie beim Gestikulieren mit den Karten wie wild in der Luft herumfuchteln.
- Die Stichwortkarten lassen sich auch optisch schön gestalten. Auf der Rückseite, die dem Publikum zugewandt ist, können Sie z.B. Ihr Firmenlogo oder Ihren Namen groß anbringen. Nehmen Sie sich ein Beispiel an den Stichwortkarten vieler Fernsehmoderatoren.

Beachten Sie: Einstieg und Schluss einer Rede sollten Sie auf jeden Fall ausformulieren, egal ob Sie mit Manuskript oder Stichwortkarten arbeiten. Das gleiche gilt für Sprüche und Zahlen, die genau zitiert werden müssen. Oder auch für einzelne, besonders wirkungsvolle Sätze, die Sie sich ausgedacht haben. Wäre schade, wenn diese Highlights in der Hitze des Gefechts verloren gehen würden.

Und nun zu den Power-Point-Präsentierenden unter Ihnen. Ich unterstelle den meisten von Ihnen folgende Vorgangsweise: Sie sind mitten in Ihrer Präsentation. Wenn Sie eine Folie abgehandelt haben, blenden Sie die nächste ein, holen sich mit einem Blick das nötige Stichwort und beginnen mit Ihren Erläuterungen. Liege ich richtig?

Dann beantworten Sie eine Frage: Wie wollen Sie Spannung aufbauen und erhalten, wenn das Publikum noch bevor Sie zum ersten Wort angesetzt haben, bereits den Inhalt kennt?

Fazit: Kündigen Sie zuerst den Inhalt der nächsten Folie an und blenden Sie diese erst danach ein. Zum Beispiel: „Beschäftigen wir uns jetzt mit ...!", kurze Pause, ENTER-Taste. Das heißt, Sie müssen Ihre Präsentation entweder aus dem ff beherrschen – oder Sie verwenden Stichwortkarten. Power-Point-Präsentierende sagen auch gerne „Speaker-Notes" dazu.

> **Tipp 9:**
> Vertrauen Sie auf Stichwortkarten, und verwenden Sie diese mit professioneller Selbstverständlichkeit!

Überzeugen oder informieren: Was macht den Unterschied?

Immer wieder versuchen Seminarteilnehmer und Coaching-Kunden zu unterscheiden zwischen überzeugen und informieren. Immer wieder höre ich Ausreden, die sich in etwa so anhören: „Ich halte keine Präsentationen, bei denen ich überzeugen muss. Ich informiere meine Zuhörer nur!"

KAPITEL 3: SO BEREITEN SIE EINE REDE OPTIMAL VOR

Dahinter steckt wohl der Gedanke, dass, wenn man nur informiert, man ja nicht seine Meinung vertreten und schon gar nicht wirkungsvoll auftreten muss. Schließlich gibt man nur irgendwelche Informationen weiter. Ich hoffe, Sie sind nicht dieser Auffassung, denn immerhin halten Sie ein Rhetorik-Buch in den Händen, wo es um wirkungsvolles Auftreten geht!

Auch wenn Sie schwerpunktmäßig Ihre Zuhörer über einen Sachverhalt informieren möchten, so sind Sie trotzdem immer in der Situation, überzeugen zu müssen: von Ihren Inhalten und von sich selbst als Expertin, als Experte. Degradieren Sie sich doch nicht freiwillig zum „Informationsbriefträger". Stehen Sie zu wirkungsvoller Rhetorik – immer und überall!

Tipp 10:

Wenn Sie vor Publikum sprechen, tun Sie es in dem Bewusstsein zu überzeugen – von sich als Rednerin und als Redner und von Ihren Inhalten, und zwar genau in dieser Reihenfolge!

Notizen:

KAPITEL 4: SO STARTEN SIE MIT POWER

Der erste Eindruck ...!
10 Tipps für den gelungenen Start

"You never get a second chance for the first impression!
Amerikanisches Sprichwort

„Die ersten Wörter sind wichtiger als die nächsten 10.000", meint der amerikanische Verkaufstrainer Elmar Wheeler. Der Einstieg ist der Händedruck des Redners. Wie fühlt es sich an, wenn Sie beim Guten-Tag-Sagen eine schwitzige, schlaffe Fleischmasse in die Hand gedrückt bekommen? Sie blocken innerlich ab und können sich eines unsympathischen Eindrucks nicht erwehren. Da muss dann einiges geschehen, um diesen ersten negativen Eindruck auszubügeln. Ähnlich geht es dem Redner, der seine Gedanken lasch, unkonzentriert, unstrukturiert und langweilig zu entwickeln beginnt. So ein „Händedruck" ist kaum wieder gutzumachen.

Welchen Eindruck möchten Sie als Rednerin, als Redner machen: den einer schlaffen Fleischmasse oder den einer einzigartigen, ganz besonderen Persönlichkeit?

Ihr Hauptziel beim Einstieg muss sein, die Aufmerksamkeit Ihrer Zuhörer an Sie zu fesseln. Was ist die Schwierigkeit daran? Ihre Zuhörer sind mit anderen Dingen beschäftigt: einige hängen eigenen Gedanken nach, andere blättern in Unterlagen, wieder andere tratschen mit dem Nachbarn. Nun gilt es, die Aufmerksamkeit zu bündeln und auf Sie und Ihr Thema zu fokusieren. Die Zuhörer müssen gleich zu Beginn den Eindruck gewinnen: „Hier lohnt es sich zuzuhören!" Die folgenden Tipps behandeln den aufmerksamkeitsstarken Redestart.

Ein Titel, der hält, was er verspricht

Das Thema, über das Sie sprechen, ist bei den ersten Vorüberlegungen bereits bekannt. Den Titel Ihrer Rede oder Präsentation sollten Sie besser erst am Schluss formulieren, wenn Sie das Thema aufbereitet haben. Da kommen meistens die besten Ideen.

Mit dem Titel treten Sie bereits vor Ihrem Auftritt mit Ihren (potentiellen) Zuhörern in Kontakt. Hier haben Sie erstmals die Möglichkeit, neugierig zu machen auf Ihr Thema. Ein unattraktiver Titel lockt niemanden hinter dem Ofen hervor. Wer nicht muss, wird sich hüten, zu einem Vortrag zu gehen, der schon vom Titel her Langeweile verspricht. Nutzen Sie diese Chance, machen Sie Ihren Zuhörern Lust auf Ihren Vortrag.

Aber Achtung: der Titel ist auch eine Verpflichtung. Sie können nicht einen Köder auswerfen und dann von etwas anderem reden. Auch kann ein allzu reißerischer Titel zu sehr hohen Erwartungen führen, denen Sie dann auch entsprechen müssen. Da Sie aber ohnehin außergewöhnlich gut sein wollen (sonst würden Sie wohl kaum dieses Buch lesen), ist das für Sie nur eine zusätzliche Herausforderung.

> **Tipp 1:**
> **Formulieren Sie den Titel möglichst kurz und aufmerksamkeitsstark!**

Hier ein paar Anregungen:

- **Frage:** „Wie schützen Sie Ihre Daten?", „Genügt perfekte Qualität?"
- **Kontroverse:** „Studium oder Karriere mit Lehre"
- **Rezept:** „Die Kunst überzeugend aufzutreten", „In 10 Schritten zum Traumjob"
- **Motivation:** „Fit und gesund alt werden", „Wie Sie Euro-Millionär werden"
- **Problemlösung:** „Aktuelle Fragen der Personalverrechnung"

Wer spricht denn da?

Lassen Sie sich bei Vorträgen, Reden und Präsentationen ankündigen und vorstellen. Hierbei geht es nicht darum, allen mitzuteilen, dass Sie „die/der Größte" sind. Es geht vielmehr darum, mit wenigen Sätzen darzustellen, was Sie mit dem Thema zu tun haben und warum es sich lohnt, Ihnen zuzuhören.

Bei öffentlichen Veranstaltungen bereiten Sie für den Moderator den Text am besten schriftlich vor. Es genügen ein paar Sätze, in denen Sie als Experte für das Thema vorgestellt werden. Durch die Ankündigung sind das Interesse und die Aufmerksamkeit der Zuhörer bereits geweckt. Sie sind dem Publikum schon ein wenig vertraut. Bedenken Sie: Vertrautheit schafft Vertrauen. Das Publikum will nicht von einem Fremden „überfallen" werden.

Was, wenn es nicht möglich ist, dass Sie angekündigt werden, weil zum Beispiel niemand für diese Aufgabe da ist? Dann begrüßen Sie Ihre Zuhörer, stellen sich in einem Satz kurz selbst vor und sagen Ihrem Publikum, warum Sie Expertin/Experte in dem Thema sind.

> **Tipp 2:**
> Ihre Vorstellung schafft Vertrautheit, und Vertrautheit schafft Vertrauen.

Mit Power auftreten

Haben Sie sich jemals überlegt, wann eine Rede eigentlich beginnt? Sie meinen, mit dem ersten Wort? Falsch, Ihre Rede beginnt mit Ihrem Auftritt, also von dem Moment an, wo Sie sich von Ihrem Stuhl erheben und nach vorne zum Rednerplatz gehen. Die ganze Aufmerksamkeit der Anwesenden ist auf Sie gerichtet. Sie strahlen etwas aus, Sie wirken – auch wenn Sie noch nicht sprechen. Denken Sie daran: Für den ersten Eindruck gibt es keine zweite Chance!

Wie schaffen Sie einen guten ersten Eindruck und einen gelungenen Auftritt? Hier ein paar Tipps:

- Konzentrieren Sie sich in diesen Momenten ganz auf sich selbst.
- Erheben Sie sich ruhig von Ihrem Platz.
- Überprüfen Sie kurz den korrekten Sitz der Kleidung.
- Gehen Sie mit dynamischen Schritten, aber ohne Hast zum Rednerplatz.
- Gehen Sie aufrecht, Kopf hoch, Schultern zurücknehmen.
- Vermeiden Sie ein Stolpern, achten Sie deshalb auf Stufen und herumliegende Kabel.

KAPITEL 4: SO STARTEN SIE MIT POWER

- Betreten Sie die Bühne immer von der Seite her. Vermeiden Sie es, von hinten gesehen zu werden.
- Richten Sie sich in Ruhe am Rednerplatz ein, legen Sie Ihre Unterlagen ab.
- Schauen Sie ins Publikum. suchen Sie Blickkontakt zu Ihren Zuhörern und lächeln Sie.
- In dieser Zeit sollte innere Ruhe einkehren.
- Noch einmal tief ein- und ausatmen und dann starten Sie.
- Beginnen Sie mit Ihrem Beitrag, wenn Ihre Zuhörer erwartungsvoll an Ihren Lippen hängen.

> Tipp 3:
>
> Bedenken Sie, eine Rede beginnt nicht erst mit dem ersten Wort, sondern mit dem Auftritt!

Souverän durch Schweigen

Was hat Schweigen mit Souveränität zu tun? Sehr viel. Viele Redner beginnen Ihren Vortrag, kaum dass sie am Rednerplatz angekommen sind, manche sogar schon bei den letzten Schritten. Zu diesem Zeitpunkt sind Sie vielleicht sogar noch ein wenig außer Atem, auf keinen Fall konnten Sie sich innerlich sammeln. Und auch die Zuhörer sind noch mit anderem beschäftigt und unaufmerksam. Ein entscheidender Punkt in einer Rede, wo Sie demonstrieren müssen, dass Ihnen als Redner die ungeteilte Aufmerksamkeit gebührt und dass Sie auch darauf bestehen. Das bedeutet für Sie, dass Sie Ihren Vortrag nicht beginnen, solange Ihre Zuhörer unaufmerksam sind.

Stattdessen legen Sie ein paar Schweigesekunden ein, sammeln sich in dieser Zeit innerlich und schauen sicher ins Publikum. Binnen weniger Sekunden hängen alle Zuhörer an Ihren Lippen und warten wie gebannt auf das erste Wort. Keine Frage: Es ist eine Art Kräftemessen mit dem Publikum. Ob Sie diese Kraft aufbringen, kann mitentscheidend sein, ob Ihr Publikum Ihnen folgt oder nicht.

> **Tipp 4:**
> Starten Sie Ihre Rede mit drei bis fünf Schweigesekunden!

Das Publikum begrüßen

Die Frage nach der richtigen Begrüßung wird in Rhetorikseminaren sehr häufig gestellt. Nun, die objektiv richtige Begrüßung gibt es nicht. Ich empfehle, sie möglichst kurz und knapp zu halten. Ein einfaches „Meine Damen und Herren" müsste meistens genügen. Sagen Sie bitte nicht „Werte Damen und Herren". Auf dem „Wertesten" sitzen die Leute.

Beachten Sie bei der Begrüßung regionale und zielgruppenspezifische Besonderheiten. Im Bayern und Österreich hat es sich eingebürgert, alle Zuhörer zu begrüßen, die sich irgendwie aus dem Gros des Publikums abheben: den Bürgermeister, seine Gattin, die Kinder, den Hund. Je mehr Personen ein Redner namentlich erwähnt, desto mehr Leute beginnen sich vielleicht zu fragen: „Warum eigentlich ich nicht?" Und ganz ehrlich: Die Menschen fragen sich das zu Recht. Degradieren Sie sich nicht zum „Begrüßungsredner", dessen Hauptaufgabe die namentliche Nennung der meisten Anwesenden ist. Und vor allem gibt es kaum einen langweiligeren Einstieg als eine elendslange Namensaufzählung. Da passiert es leicht, dass die Zuhörbereitschaft des Publikums verbraucht ist, bevor der Redner das erste Wort zur Sache gesagt hat.

> **Tipp 5:**
> Halten Sie Begrüßungen möglichst kurz, und hüten Sie sich vor endlosen Namensaufzählungen!

Muss die Begrüßung immer am Anfang einer Rede stehen? Nein, Sie können auch aufmerksamkeitsstark mit der Einleitung beginnen und die Begrüßung nach diesen ersten wirkungsvollen Sätzen platzieren. Das wirkt besonders fesselnd auf Ihre Zuhörer.

Worthülsen ade

Manfred Rommel, CDU-Politiker, ehemaliger Oberbürgermeister von Stuttgart und gefragter Redner, hat zwei Tipps für den Einstieg parat:
- Die Rede hat immer einen Anfang und meistens auch einen Schluss. Was dazwischen liegt, ist nicht so wichtig.
- Der Anfang ist verhältnismäßig leicht: Der Redner kann sich entschuldigen, dass er redet – um es dann doch zu tun.

Beim ersten Punkt hat er recht. Der zweite Punkt stimmt zwar, ist aber eine rhetorische Unart. Leider hat es sich sehr verbreitet, mit Floskeln und Worthülsen einzusteigen, die keinen Hund hinter dem Ofen hervorlocken. Hier eine Auswahl solcher „Do nots":

- „Wir haben uns heute hier versammelt, um die neue Werkshalle feierich zu eröffnen. ..." Es ist unsinnig, den Leuten mitzuteilen, was sie ohnehin schon wissen. Wer eine Einladung bekommen hat und jetzt hier ist, weiß, warum er gekommen ist.
- „Ich freue mich, heute hier vor Ihnen zu sprechen. ..." Wäre gut, wenn es so wäre. Meistens ist diese Floskel jedoch eine glatte Lüge.
- „Ich freue mich, dass Sie so zahlreich erschienen sind. ..." Wieder eine Information, die den Anwesenden bereits bekannt ist – sofern sie nicht blind sind. Ist außerdem peinlich, wenn der Zuhörerkreis sehr klein ist. Und glauben Sie mir, alles schon erlebt.

> **Tipp 6:**
> **Keine Floskeln und Worthülsen am Redeanfang!**

Der passende Einstieg

Eine Bedingung für einen gelungenen Start ist, dass das Bild, das Sie zu Beginn zeichnen, sowohl zum Publikum als auch zum Thema passt. Oft möchte man unbedingt etwas erzählen, weil man es selbst für wichtig erachtet –

ohne viel darüber nachzudenken, ob die Geschichte auch ankommt. Gerade bei persönlichen, selbst erlebten Geschichten gibt es eine weitere Gefahr, nämlich die, dass man zu sehr in Details abschweift und sich in der Einleitung „verliert".

Hier ein Negativbeispiel, damit Sie wissen, was nicht passieren darf: „Guten Tag, sehr geehrte Damen und Herren! Mein Thema ist heute das „Inselkonzept im Vertrieb". Meine Lieblingsinsel ist Ischia. Die Einheimischen nennen Ischia „isola verde" (die grüne Insel). Dem kann ich nur beipflichten, die Insel grünt und gedeiht. In diesem südlichen Klima findet man üppig blühende Blumen und Sträucher. Vielleicht liegt es aber auch an den wunderbaren Thermalquellen ..."

> **Tipp 7:**
> **Wählen Sie einen kurzen, prägnanten Einstieg, der zum Publikum und zum Thema passt!**

Mit Aufmerksamkeit starten

Sie müssen nicht immer mit der Begrüßung der Zuhörer beginnen – nur weil Sie es immer so machen oder weil alle anderen es so machen. Meist ist es sehr viel spannender, mit einem wirkungsvollen Einstieg zu starten und die Begrüßung der Zuhörer danach kurz einzuflechten. In diesem Fall muss Ihr Einstieg ein Knaller sein. Setzen Sie einen „Aufmerksamkeitserreger" an den Anfang. Hier ein paar Ideen:

- Beginnen Sie mit einer Schlagzeile oder einem aktuellen Ereignis!
- Knüpfen Sie an den Versammlungsort, die Zuhörer und/oder die Situation an! Denken Sie an die berühmte Rede von John F. Kennedy 1963 vor dem Schöneberger Rathaus: „Meine Berliner und Berlinerinnen! Ich bin stolz, heute in Ihre Stadt zu kommen als Gast Ihres hervorragenden Bürgermeisters, ..."
- Beginnen Sie mit einem Szenario. Malen Sie vor dem geistigen Auge Ihrer Zuhörer ein Bild: „Stellen Sie sich vor, ..."

- Nennen Sie ein Zitat oder ein Motto, das zum Thema passt! Da gibt es viele Möglichkeiten. Zitatehandbücher und Datenbanken im Internet helfen bei der Recherche weiter.
- Stellen Sie dem Publikum eine Frage, entweder eine richtige oder eine rhetorische. Bei einer rhetorischen Frage erwarten Sie keine Antwort. Bei einer richtigen Frage können die Zuhörer antworten, z.B. durch Handzeichen: „Wer von Ihnen hat schon einmal eine neue Wohnung gesucht? Zeigen Sie mal auf!"
- Zeigen Sie zu Beginn etwas, machen Sie eine Demonstration!
- Starten Sie mit einer Behauptung oder Provokation! Ein Beispiel zum Thema „Alkohol am Steuer": „Einer trank – er starb. Einer trank nicht – er starb auch. Der, der nicht trank, starb früher, weil der, der trank, ihn überfuhr. …"
- Erzählen Sie eine nette Anekdote oder eine kurze Geschichte!
- Nennen Sie eindrucksvolle Zahlen, Daten, Statistiken! Ein nachdenklich stimmender Einstieg zur Pink Ribbon Kampagne der Österreichischen Krebshilfe: „Fünftausend, fünftausend Frauen erkranken jährlich in Österreich neu an Brustkrebs. Jede achte Frau ist im Laufe ihres Lebens davon betroffen."
- Inszenieren und nutzen Sie einen Überraschungsmoment! Den Einstieg zur Pink Ribbon Kampagne der Österreichische Krebshilfe könnten Sie bei einem größtenteils weiblichen Publikum auch so inszenieren: Lassen Sie die Publikumssessel bekleben mit jeweils einer Zahl von 1 bis 8. Die Zuhörerinnen treffen ein und nehmen Platz. Sie starten: „Auf jeder Sessellehne ist eine Zahl. Schauen Sie mal nach, welche bei Ihnen draufsteht. Jetzt bitte ich alle Frauen mit der Zahl 8 stehen zu bleiben. Und genau darum geht es: Jede achte Frau erkrankt im Laufe Ihres Lebens an Brustkrebs. Danke, meine Damen für diese Demonstration. Jährlich sind das 5000 neue Diagnosen in Österreich. …"

Nach so einem Einstieg, ist Ihnen die hundertprozentige Aufmerksamkeit Ihres Publikums gewiss. Damit sich die Wirkung allerdings voll entfalten kann, brauchen Sie den Mut, so einen Einstieg mit entsprechender Körpersprache, Stimmführung und Pausentechnik zu inszenieren. Der Einstieg muss sitzen – ohne Versprecher, ohne Fülllaute, ohne Zwangspausen – sonst ist die Wirkung verloren.

> **Tipp 8:**
> Formulieren Sie den Einstieg wortwörtlich aus, und lernen Sie Ihre ersten Worte auswendig!

Leider passiert es immer wieder, dass Redner mit einem Räuspern starten. Ganz schlimm ist so ein Räuspern, wenn via Mikrofon gesprochen wird und alle im Saal vor Schreck zusammenzucken. Und Zuhörer zu erschrecken ist sicher nicht der optimale Einstieg. Was tun, wenn es Sie kurz vor Redebeginn im Hals kratzt und Sie das Bedürfnis haben, sich zu räuspern? Mit der folgenden Übung können Sie das verhindern.

Übung „Frosch im Hals":

Wenn es im Hals kratzt, dann nutzen Sie die Schweigesekunden, bevor Sie Ihre Rede beginnen zu folgender Übung:

Formen Sie mit geschlossenen Lippen lautlos im Kehlkopf die Vokale „A, E, I, O, U".

Wiederholen Sie die Übung ein paar Mal, das bringt die Stimmbänder in Schwung und die ersten Worte kommen problemlos und sauber heraus.

Der Nutzen entscheidet

Erinnern Sie sich an die AIDA-Formel? Nach dem aufmerksamkeitsstarken Einstieg („attention") gibt es noch einen zweiten wichtigen Punkt in der Einleitung („interest"): Sagen Sie den Zuhörern, was sie erwartet, was Sie vorhaben und vor allem mit welchem Nutzen die Menschen rechnen können, wenn sie Ihrem Vortrag zuhören. Genau das ist der springende Punkt. Genau an diesem Punkt entscheidet sich, ob Sie wirklich zuhörerorientiert vorgehen. Nach dem aufmerksamkeitsstarken Einstieg müssen Sie die Frage beantworten, die sich mehr oder weniger unbewusst alle Ihre

Zuhörer innerlich stellen: „Was hat das Ganze mit mir zu tun?" Und diese Frage gilt es zu beantworten – ohne zu viel dabei zu verraten und schon in den Hauptteil abzugleiten. Stellen Sie kurz den Nutzen dar, den die Zuhörer haben, wenn sie Ihnen weiter zuhören. Geben Sie ein „einzig-artiges Verkaufsversprechen" ab. Was ist für die Zuhörer der USP (Unique Selling Proposition) Ihrer Rede?

Die Gratwanderung an dieser Stelle ist, dass Sie zwar neugierig machen sollen – ohne jedoch die Lösung zu verraten. Ein Beispiel, das diese Anforderung erfüllt: „... In den nächsten 30 Minuten erfahren Sie, wie Sie in fünf Jahren Euro-Millionär werden ..." Ein Nutzen, der so in den Raum gestellt wird, fokusiert die Aufmerksamkeit der Zuhörer, verrät jedoch noch keine Details. Diese folgen dann im Hauptteil.

> **Tipp 9:**
>
> Machen Sie Ihre Zuhörer mit einem „einzigartigen Verkaufsversprechen" neugierig!

Agenda gibt Sicherheit

Bevor Sie endgültig zum Hauptteil kommen, kann es sinnvoll sein, den Zuhörern zur Orientierung einen Überblick über die geplanten Inhalte im Hauptteil zu geben. Präsentieren Sie eine Agenda. Menschen brauchen eine gewisse Sicherheit, auch bei dem, was sie bei einer Rede oder Präsentation erwartet. Auch den zeitlichen Rahmen sollten Sie – vor allem bei längeren Reden – benennen. So können sich alle auf die Dauer der Rede einstellen. Apropos, diesen zeitlichen Rahmen sollten Sie dann selbstverständlich auch einhalten.

> **Tipp 10:**
>
> Geben Sie vorab einen kurzen, inhaltlichen Überblick, was die Zuhörer während der Rede oder Präsentation erwartet!

Notizen:

KAPITEL 5: SO WIRD DER HAUPTTEIL SPANNEND

Mit Action durch den Hauptteil!
10 Tipps wie Sie den Hauptteil anregend und verständlich gestalten

Eine gute Rede hat einen guten Anfang und ein gutes Ende - und beide sollten möglichst dicht beieinander liegen.

Mark Twain, amerikan. Schriftsteller

"Wenn du Menschen mit deiner Werbung langweilst, werden sie dein Produkt nicht kaufen", wusste US-Werbepapst David Ogilvy. Langweilen auch Sie Ihre Zuhörer nicht: Reden Sie bildhaft, lebhaft – und kurz!

Als Rednerin und als Redner wollen Sie, dass die Zuhörer Ihre Ideen verstehen, diese für gut befinden und umsetzen. Das werden Sie jedoch kaum erreichen, wenn Sie Ihre Botschaft unverständlich präsentieren, wenn Sie sich im Thema verlieren oder wenn Ihr Publikum komplizierte Sachverhalte nicht versteht. Nur wenige Vortragende sind sich darüber im Klaren, dass der Grundsatz „Es ist nicht entscheidend, was du sagst und tust, sondern was dein Gegenüber versteht und daraus ableitet" für eine Rede von entscheidender Bedeutung ist. Für Sie selbst kann und wird Ihre Rede ganz einfach zu verstehen sein, während diese für Ihr Publikum vielleicht nur schwer nachzuvollziehen ist.

Nach der Einleitung kommen Sie zum Hauptteil, zum Kern Ihrer Rede. Hier ist Platz für Thesen, Pro- und Contraargumente, Ergebnisse, Beispiele. Hier erzählen Sie, was war, was ist, was sein könnte. Hier zeigen Sie Probleme auf und die Lösung dafür.

Klar und prägnant denken und reden

Es gibt Redner, da springt einem eine rhetorische Unart förmlich ins Gesicht: Sie beginnen einen Gedanken zu entwickeln und schon fliegt ihnen ein neuer zu, den sie flugs aufgreifen und in den Satz einbauen. Und meistens bleibt es nicht dabei. Ein dritter Gedanke taucht auf und natürlich wird auch der noch hineingewurstelt – alles in ein und denselben endlosen Monstersatz. Das Resultat ist, dass sich der Redner in seinem Schachtelsatz verstrickt, den Satz nicht zu Ende bringt und vielleicht sogar den Faden verliert. Die Zuhörer steigen auch aus. Logisch, wie sollen Sie denn einem Redner folgen, der sich selbst verirrt hat? Das Resultat: Sie erkundigen sich beim Nachbarn, und es beginnt unruhig zu werden. Häufen sich diese Ausfälle, dann schalten die Zuhörer überhaupt ab.

Machen Sie es Ihren Zuhörern so leicht wie möglich, Ihren Ausführungen zu folgen. Befolgen Sie die drei Ks:

KAPITEL 5: SO WIRD DER HAUPTTEIL SPANNEND

- Kürze
- Konzentration
- Konsequenz

Das heißt: Reden Sie kurz und in kurzen, einfachen Sätzen. Konzentrieren Sie Ihre Gedanken und bringen Sie diese auf den Punkt. Und bleiben Sie konsequent bei Ihrer Vorbereitung. Lassen Sie sich nicht von unnötigen, plötzlichen Gedankenblitzen verführen, vom Thema abzuschweifen. Reden Sie ausschließlich zu dem Stichwort, das an der Reihe ist. Sie verlieren sonst den roten Faden – und Ihre Zuhörer in der Folge ebenso.

Halten Sie sich an die Regel: Jedem Gedanken einen Satz. Das heißt nicht, dass man nicht mehrere Sätze auf einen Gedanken verwenden darf. Es gibt ja ganze Vorträge, denen nur ein Gedanke zugrunde liegt. Das ist gut so. Machen Sie nur nie das Umgekehrte: mehrere Gedanken in einen Monstersatz einbauen. Das führt unweigerlich dazu, dass sowohl Sie als auch Ihre Zuhörer irgendwo auf der Strecke aussteigen. Gewöhnen Sie sich an, jeden Gedanken klar und einfach zu formulieren. Redesätze sind kurze Sätze. Reden Sie möglichst in Hauptsätzen, verwenden Sie keine bis wenige Nebensätze. Als Faustregel gilt: Sätze mit bis zu 10 Wörtern sind leicht verständlich, solche mit bis zu 15 Wörtern sind noch verständlich. Alles was darüber hinausgeht wird immer schwerer zu verstehen. Bilden Sie kurze, einfache Sätze - Ihnen selbst und Ihren Zuhörern zuliebe.

> **Tipp 1:**
> **Jeder neue Gedanke ist ein neuer Satz!**

Der rote Faden

Sie haben sich für bestimmte Inhalte entschieden, kennen Ihr Redeziel und auch den Nutzen für Ihre Zuhörer. Jetzt geht es darum, die ausgewählten Inhalte für Ihre Zuhörer klar und logisch aufzubauen. Je einfacher, klarer und logischer die Struktur ausfällt, umso leichter fällt es Ihren Zuhörern, Ihren Vortrag zu verstehen, den roten Faden zu erkennen und ihm zu folgen.

Die AIDA-Formel und einige andere Redeaufbau-Strukturen haben Sie bereits kennen gelernt. An dieser Stelle möchte ich Ihnen eine weitere Technik vorstellen: den Fünfsatz. Eine Rede besteht immer aus einem Anfang, einem Hauptteil und einem Schluss. Den Hauptteil können Sie nochmals unterteilen. Ich empfehle Ihnen für den Hauptteil eine Dreiteilung. Zusammen mit Einleitung und Schluss entsteht ein Fünfsatz. Richtiger wäre eigentlich die Bezeichnung „Fünf-Schritt", aber der Fünfsatz heißt nun einmal so. In der folgenden Übersicht sehen Sie einige Beispiele für eine Gliederung nach der Fünfsatz-Technik:

1.	Einleitung					
2.	Tatsache	Ist	Risiken	Vergangenheit	Position A	Problem
3.	Ursache	Ziel	Chancen	Gegenwart	Position B	Auswirkungen
4.	Folgerung	Weg	Pläne	Zukunft	Meinung	Lösung
5.	Schluss					

Es gibt natürlich noch weitaus mehr als die hier dargestellten Möglichkeiten. Lassen Sie sich inspirieren und entwickeln Sie neue Varianten – ganz wie Ihr Thema es erfordert. Übrigens eignet sich der Fünfsatz auch sehr gut für kurze, prägnante Statements in Besprechungen und Meetings oder andere Situationen, in denen Sie schnell aus dem Stegreif etwas sagen müssen. Selbstverständlich können Sie vom Fünfsatz abweichen und noch mehr Teile in die Rede einflechten – ganz wie Ihr Redethema es erfordert. Letztendlich sind Redeaufbaustrukturen nur Hilfsmittel. Die Struktur soll sich immer den Inhalten anpassen und nicht umgekehrt.

> **Tipp 2:**
> **Wählen Sie eine klare, logische und leicht nachvollziehbare Struktur für Ihren Redeaufbau!**

Kernbotschaften verankern

Unser Handeln, unsere Entscheidungen sind zu einem großen Teil aus dem Unterbewusstsein gesteuert. Und genau dort müssen Ihre Kernbotschaften, Ihre Inhalte und Fakten ankommen. Jetzt fragen Sie sich sicher, wie Ihnen das gelingen soll. Ganz einfach: Sprechen Sie Ihre Zuhörer emotional an, dann sprechen Sie quasi mit dem Unterbewusstsein.

„Rhetorik ist ein Appell an das Gefühl in der Maske sachlicher Information", wusste auch der deutsche Mathematiker Helmar Nahr.

Untermauern Sie Ihre Botschaften mit:

- Bildern (auf denen Menschen abgebildet sind)
- Emotionen (die Werte ansprechen)
- Erlebnissen, Geschichten, Metaphern
- Humor

> **Tipp 3:**
> **Verankern Sie Ihre Kernbotschaften bei den Zuhörern emotional!**

Daten und Fakten begreifbar machen

Insbesondere Fachleute sind schwer davon zu überzeugen: Zahlen, Daten, Fakten haben in der Regel wenig Aussagewert. Sie müssen zusätzlich „übersetzt" und in Zusammenhänge gebracht werden, sonst können Zuhörer wenig damit anfangen. Und eines muss Ihnen als Rednerin und als Redner klar sein: Diese „Übersetzungsarbeit" liegt nicht beim Publikum, das ist mit Zuhören mehr als beschäftigt.

Nichts ist für das Publikum ermüdender als Zahlen-, Fakten- oder lange Namensgräber. Solche überlangen Aufzählungen richten sich einseitig an den Verstand – und dieser schaltet schnell ab, wenn er mit Informationen zugeschüttet wird.

Bedenken Sie: Nichts in Ihrer Rede spricht für sich selbst, keine Tatsache, keine Zahl, kein Faktum, kein Name, kein Zitat. Sie müssen für Ihr Publikum die Übersetzungsarbeit leisten, die Gedanken verknüpfen und die Dinge in einen Zusammenhang stellen. Wenn Sie diese Leistung für Ihre Zuhörer nicht übernehmen, dann gehen Sie bitte davon aus, dass Sie nicht verstanden werden, dass die Zuhörer Ihnen nicht folgen. Warum? Die Zuhörer haben gar nicht die Ressourcen, Ihnen aufmerksam zuzuhören und gleichzeitig das Thema bis ins Detail zu durchdenken und große Zusammenhänge zu knüpfen. Es ist Ihre Aufgabe als Rednerin und als Redner, Ihr Redethema für Ihre Zuhörer aufzubereiten.

Übersetzen Sie Zahlen in Bilder. Hier einige Beispiele, wie Sie aus Daten bildhafte Vorstellungen machen:

- „Unser neues Werksgelände ist 14.000 qm groß."
  Besser: „Unser neues Werksgelände ist 14.000 qm groß. Das ist die Größe von eineinhalb Fußballplätzen."

- „Unsere Firma hat in fünf Jahren 1000 Kilometer Straßen gebaut."
  Besser: „In fünf Jahren haben wir 1000 Kilometer Straßen gebaut, das ist die Strecke von Moskau nach Paris."

- „Fünf Prozent aller Männer ..."
  Besser: „50 von 1000 Männern ..."

> **Tipp 4:**
> **Machen Sie aus Zahlen verstehbare und begreifbare Bilder!**

Wie Zuhörer sich mehr merken

Wenn das Publikum am Ende einer Rede begeistert ist vom Vortrag, dann ist schon viel gewonnen. Trotzdem wollen Sie als Rednerin und als Redner nicht nur gut wirken, sondern auch gewisse Inhalte in den Köpfen Ihrer Zuhörer verankern.

Aus verschiedenen Untersuchungen weiß man, dass folgende Teile einer Rede am besten erinnert werden:
- der Anfang
- der Schluss
- Wiederholungen
- was für die Zuhörer Sinn ergibt
- Humor und Reime
- Ausgefallenes/Ungewöhnliches

Am schwächsten erinnert wird der Mittelteil. Daraus können Sie folgende Richtlinien ableiten:

- Beginnen Sie Ihre Rede/Präsentation mit einem Knaller.

- Setzen Sie bewusst das Mittel der Wiederholung ein. Bringen Sie Ihre Kernaussagen immer wieder auf den Punkt.

- Setzen Sie während der gesamten Rede auf „Infotainment" – Information und Entertainment. Heben Sie Ungewöhnliches mit entsprechender Betonung besonders hervor. Veranschaulichen Sie Ihre Argumente mit Beispielen und Erfahrungsberichten. Wenn es passt, setzen Sie Humor ein.

- Fördern Sie die Beteiligung Ihrer Zuhörer. Bieten Sie Ihnen Gelegenheiten, sich einzubringen.

- Packen Sie alles, was zwar gesagt sein sollte, was aber nicht weiter wichtig ist, in den Mittelteil der Rede.
- Setzen Sie einen markanten Schluss. Wiederholen Sie noch einmal Ihre Kernbotschaften und hören Sie mit einem Höhepunkt auf.

Tipp 5:
Setzen Sie auf einen guten Mix an Information und Unterhaltung. So unterstützen Sie die Merkfähigkeit bei den Zuhörern!

Phänomen Wiederholung

Wiederholungen lösen zwei Phänomene aus. Erstens: Wiederholungen steigern den Erinnerungswert. Wer anderen etwas vermitteln will, muss die Kernbotschaft mehrmals wiederholen. Wer nicht wiederholt, unterliegt dem Effekt „Beim einen Ohr hinein, beim anderen wieder hinaus". Einmal ist keinmal, heißt es so schön. Wiederholen Sie die Kernbotschaften Ihrer Rede.

Zweitens: Was häufig wiederholt wird, wird eher für wahr gehalten. Durch Wiederholung werden Behauptungen zu Beweisen. Darin liegt die Macht und zugleich die Gefahr von Wiederholungen. „Wiederholung macht wahr!", weiß die Werbung und macht sich diesen Effekt zunutze. Werbung wirkt nur, wenn sie wiederholt wird – immer wieder und immer wieder.

Der ehemalige britische Premierminister Winston Churchill hat die Wiederholung in seiner berühmten „Blut, Schweiß und Tränen"-Rede perfekt als Stilmittel eingesetzt: „Sie fragen, was unser Ziel sei? Ich antworte mit einem Wort: _Sieg_. _Sieg_ um jeden Preis. _Sieg_, ungeachtet allen Terrors. _Sieg_, wie lang und mühsam der Weg auch sein mag. Denn ohne _Sieg_ gibt es kein Überleben."

Tipp 6:
Wiederholung macht wahr! Nutzen Sie die Macht der Wiederholung!

Niemals langweilig

Eine der größten Gefahren im Hauptteil der Rede ist, dass der Hauptteil sich zieht und langweilig wird. Folgen Sie der Empfehlung von Dorothy Sarnoff, einer amerikanischen Schauspielerin und Rhetoriktrainerin: „Make sure you have finished speaking before your audience has finished listening!"

Prägen Sie sich die wichtigste Grundregel der Rhetorik ein: Als Redner dürfen Sie vieles, eines dürfen Sie auf keinen Fall: Sie dürfen niemals langweilen! Als Redner müssen Sie Ihr Publikum unterhalten. Damit meine ich nicht, dass Sie sich zum Kasperl machen. Als Redner unterhalten Sie Ihr Publikum, wenn die Zuhörer gern und aufmerksam zuhören. Es muss leicht fallen, Ihnen und Ihren Ausführungen zu folgen.

Vermeiden Sie „Abschaltsätze", wo Sie die Aufmerksamkeit Ihres Publikums riskieren. So ein typischer „Abschaltsatz", ist zum Beispiel: „Wie schon mein Vorredner gesagt hat ..." Unspannender geht es kaum noch.

Die meisten Redner machen den Fehler, dass Sie viel zu viele Inhalte viel zu nüchtern und viel zu trocken bringen. Bereiten Sie den Inhalt für das Publikum anschaulich und begreifbar auf. Entweder Sie erzählen eine Geschichte dazu, oder ein Gleichnis oder ein Beispiel – nur machen Sie Bilder daraus. Die gute Rednerin und der gute Redner machen die Zuhörer mit den Ohren sehend! Das Ganze vorgetragen mit guter Betonung und Stimmführung – da wird Zuhören zum Vergnügen. Es gibt im Prinzip keinen langweiligen Stoff, es gibt immer nur langweilige Redner.

> **Tipp 7:**
> **Gestalten Sie den Hauptteil kurzweilig!**

Action im Hauptteil

Es ist schon einige Jahre her und trotzdem erinnere ich mich noch an jedes Detail. Ich war Trainerin bei einem offenen Rhetoriktraining in Wien, zu dem sich Menschen aus verschiedensten Unternehmen und Bereichen angemeldet hatten. Alle Teilnehmer hatten eine Rede vorbereitet. Ein Teilnehmer referierte über ein Buch. Ich weiß es heute noch, als wäre es gestern gewesen: „Das Sakrileg" von Dan Brown. Er zog uns alle in den Bann mit seiner Begeisterung. „… Das spannendste Buch, das ich jemals gelesen habe. Ich verspreche Ihnen, Sie können es nicht mehr aus der Hand legen, bevor Sie es nicht zu Ende gelesen haben …" Und dabei hielt er das Buch viel versprechend in der Hand. Er hatte es in der Mittagspause in einem nahen Buchladen besorgt und hatte es folglich „live" dabei zum Vorführen. Und er hatte nicht nur das eine Exemplar gekauft, sondern alle, die der Buchhändler lagernd hatte. Das war genau um ein Exemplar weniger als Seminarteilnehmer anwesend waren. Und nun raten Sie mal, was er mit den vielen Büchern gemacht hat! Richtig, er hat alle Exemplare verkauft. Nach seiner eindrucksvollen Demonstration gingen die Bücher weg wie die warmen Semmeln. Wenn er uns dieses Buch nicht gezeigt hätte, wäre seine Rede nur halb so spannend gewesen. Und auf keinen Fall hätte er das Leben der anderen Teilnehmer so nachhaltig beeinflussen können, denn wahrscheinlich hätten die jetzt nicht „Das Sakrileg" im Bücherschrank stehen.

Im Prinzip ist es eine einfache Geschichte, etwas vorzuführen oder zu demonstrieren. Und trotzdem haben viele Redner Hemmungen sich so aktiv in Szene zu setzen. Dabei können Sie nur gewinnen. Es gibt vieles, das Sie vorführen und herzeigen können: Bücher, Zeitungen, Grafiken, Fotos, Gegenstände, und vieles andere mehr. Der Fantasie sind keine Grenzen gesetzt.

Sie können auch das Publikum einbeziehen. In Live Shows wird dieses Mittel ständig eingesetzt. Denken Sie an Zaubervorführungen, wo immer jemand aus dem Publikum zum Mitmachen aufgefordert wird. Das Publikum weiß, dass jener Zuhörer, der auf die Bühne gebeten wird, sein Stellvertreter ist. Es solidarisiert sich mit ihm und das schafft Nähe.

Überlegen Sie sich, an welcher Stelle Sie jemanden aus dem Publikum einbeziehen könnten und bereiten Sie die Zuhörer vor: „Ich brauche eine oder einen Freiwilligen, der zu mir auf die Bühne kommt und mir bei einer Demonstration hilft. Keine Sorge, es kann nichts passieren. …" Beschreiben Sie noch kurz, worum es geht. Wenn Sie dann die Demonstration mit dem Freiwilligen durchführen, achten Sie darauf, dass Sie positives Feedback geben, sowohl während der Übung als auch danach. Das positive Feedback stimmt auch das restliche Publikum gut.

> **Tipp 8:**
> Sorgen Sie für Action im Hauptteil, und beziehen Sie das Publikum aktiv ein!

Sicherheit im Ausdruck

Würde, könnte, eventuell, vielleicht, im Grunde, im Prinzip, wahrscheinlich, mehr oder weniger, … Auf solchen „Weichmachern" lässt sich keine überzeugende Argumentation aufbauen. Benutzen Sie eindeutige Formulierungen im Indikativ, die Ihnen ein sicheres Fundament geben, von dem aus Sie argumentieren können. Vermeiden Sie auch „Ich glaube", „Mir scheint" und ähnlich schwache Rede-wendungen. Ihre Zuhörer erwarten nicht, dass Sie etwas „glauben". Sie erwarten von Ihnen als Expertin und Experte klare Aussagen und eindeutige Empfehlungen.

Übung „Überzeugende Sprache":

Lesen Sie folgende Satzanfänge:

Es ist sicher, dass …

Ich möchte noch einen Punkt hinzufügen …

Wer rechnen kann, wird sofort erkennen, dass …

Ich habe wiederholt darauf hingewiesen, dass …

Es kommt noch etwas hinzu …

Daraus folgt …

Wenn Sie Ihre Verantwortung ernst nehmen …

Ich verweise in diesem Zusammenhang noch einmal auf …

> Ich habe bereits deutlich gemacht, dass ...
>
> Wir sind überzeugt davon, dass ...
>
> Niemand zweifelt im Ernst ...
>
> Es ist nicht einzusehen, dass ...
>
> In Zukunft werden wir uns überlegen müssen ...
>
> Sie müssen das vor allem vergleichen mit ...
>
> Kreuzen Sie von den oben angeführten Satzanfängen etwa fünf bis sechs an, die Ihnen besonders zusagen. Lesen Sie jeweils einen der markierten Satzanfänge laut vor. Sprechen Sie diesen aus dem Gedächtnis frei laut nach und vervollständigen Sie den angefangenen Satz beliebig. Ein Beispiel: „Es ist nicht einzusehen, dass – Benzin schon wieder teurer wird."

Tipp 9:
Ersetzen Sie „Weichmacher" durch klare, eindeutige Formulierungen!

Psychologisch richtig formulieren

Unsere Worte wecken in anderen Menschen Gefühle, Assoziationen, Vorstellungen und Erinnerungen – dessen müssen wir uns bei jeder Aussage bewusst sein. Sprache ist Kino im Kopf!

Eine bewusste Wortwahl ist folglich von enormer Bedeutung für den Redeerfolg. Versuchen Sie, die Zuhörer schon durch die Wortwahl für Ihr Anliegen zu gewinnen. Ein und dieselbe Sache kann man mit verschiedenen Begriffen bezeichnen. Jeder Begriff trägt aber in sich schon eine Bewertung der Sache, und so ist es möglich, ohne ausdrücklich selbst bewerten zu müssen, einen Sachverhalt in das „richtige" Licht zu rücken.

KAPITEL 5: SO WIRD DER HAUPTTEIL SPANNEND

Machen Sie ein Experiment: Lassen Sie die folgenden Begriffe einer Zeile, die jeweils den gleichen Sachverhalt benennen, auf sich wirken und fühlen Sie der Wirkung nach:

entschlafen	sterben	verrecken	heimgehen	ableben
Rebell	Revolutionär	Terrorist	Freiheitskämpfer	Revoluzzer
gewaltig	mächtig	enorm	ungeheuer	gigantisch
Lüge	Unwahrheit	Desinformation	Schwindel	Bluff
lehren	unterrichten	dozieren	schulen	unterweisen

Je nachdem, welchen der Begriffe Sie benutzen, ändert sich auch der Gefühlswert des Satzes. Die gesamte „Atmosphäre" wird aufgeladen und bestimmt zu einem großen Teil auch, ob eine Rede rational oder emotional wahrgenommen wird. Damit haben Sie als Redner ein mächtiges Instrument in der Hand.

Wichtig zu wissen ist auch, dass Wörter schneller sind als der Satz. Das heißt, wir verstehen einzelne Wörter schneller als wir die Bedeutung eines Satzes erfassen. Dadurch reagieren wir unbewusst auf Wörter. Verneinungen gehören zur Satzaussage und wirken deshalb später – wenn überhaupt.

Übung „Negativformulierung":

Machen Sie ein Experiment mit mir, befolgen Sie diese Anweisung: „Denken Sie nicht an eine weiße Maus auf einem roten Fahrrad!"

Und, woran haben Sie gedacht?

Also, achten Sie auch auf Negativformulierungen und schauen Sie, ob Sie diese nicht besser positiv ausdrücken können. Sagen Sie nicht, wogegen Sie sind, sondern sagen Sie, wofür Sie sind. So folgen Ihnen die Zuhörer besser in die gewünschte Richtung.

> **Tipp 10:**
> **Achten Sie auf die Wirkung von Wörtern und Formulierungen, und setzen Sie Sprache bewusst und zielorientiert ein!**

Notizen:

Kapitel 6: So gestalten Sie einen starken Abgang

Ende gut – alles gut!
10 Tipps für einen starken Abgang

Der erste Eindruck entscheidet – der letzte bleibt!

Sprichwort

Sie haben den Hauptteil Ihrer Rede oder Präsentation souverän abgeschlossen und kommen nun zum Schluss. Der Schluss ist einer der wichtigsten Teile einer Rede. Der letzte Eindruck ist der bleibende Eindruck. Mit diesem Eindruck starten die Zuhörer wieder ins Leben, in den Alltag hinaus. Dementsprechend wichtig ist ein gelungener Schluss für Ihren Redeerfolg.

Nichts in einer Rede wird so oft vermasselt wie der Schluss. Einen wirkungsvollen Schluss schütteln Sie mit Sicherheit nicht in der Redesituation aus dem Ärmel. Ein guter Schluss muss überlegt und vorbereitet sein. Die folgenden Tipps unterstützen Sie dabei, einen wirkungsvollen Schluss zu gestalten.

Nullschluss = Nullwirkung

Leider viel zu häufig: der „Nullschluss". Viele Reden, die ich immer wieder erlebe, haben gar keinen richtigen Schluss. Diese Redner enden plötzlich, ohne Zusammenfassung, ohne Ankündigung, ohne den geringsten Hinweis auf irgendetwas. Manchmal kommt noch so eine Verlegenheitsfloskel, wie z.B. „So, das war's." Oder „Dann mach' ich hier Schluss." Oder eine der schlimmsten Floskel „Hiermit schließe ich!" Gerade war man noch mitten im Hauptteil und auf einmal ist das Ende da – völlig unvorbereitet, aus und vorbei. Solch ein Nullschluss stößt die Zuhörer vor den Kopf und lässt die Wirkung der Rede verpuffen.

Ein Schluss muss als Schluss erkennbar und angekündigt sein. Wie ein Countdown: 3 – 2 – 1 – Ende. Außerdem muss der Schluss von entsprechender Stimmdynamik begleitet sein. Stimme, Betonung und Pausentechnik müssen so gesetzt sein, dass alle allein schon an der Stimmführung erkennen, dass jetzt Schluss ist.

Tipp 1:
Inszenieren Sie Ihren Redeschluss mit maximaler Wirkung!

Schluss ist Schluss

Das eine Extrem ist der Nullschluss, wo Redner einfach mit Ihrem Vortrag aufhören. Das andere Extrem ist der multiple Schluss, wo Redner nicht und nicht mit Ihrem Vortrag aufhören.

Völlig okay ist die Ankündigung: „Bevor ich jetzt zum Ende komme, lassen Sie mich die wesentlichsten Punkte noch einmal zusammenfassen: ..." Das Publikum ist eingestellt auf eine kurze Zusammenfassung und den danach folgenden Schluss. Das ist eigentlich eine gute Ankündigung. Nur gibt es leider immer wieder Redner, die noch weitere Ehrenrunden drehen: „Ganz zum Schluss möchte ich Ihnen sagen, wie wichtig folgender Aspekt ist ..."

Irgendwann kann auch der geduldigste Zuhörer das Ende nicht mehr erwarten. Spätestens an dieser Stelle geben sich die Zuhörer geschlagen und steigen aus – und mit diesem letzten Eindruck gehen sie dann wieder in den Alltag zurück. Schade um die vergeudete Zeit!

> **Tipp 2:**
> **Ein Schluss ist ein Schluss. Jedes weitere Wort ist zu viel!**

Zusammenfassung vor dem Schluss

Die Zusammenfassung ist ein wirklich wichtiger Teil einer Rede und wird meistens in ihrer Bedeutung drastisch unterschätzt. Die Zusammenfassung vor dem Schluss ist die vorletzte Chance, einen guten Eindruck zu hinterlassen und die Kernbotschaften noch einmal bei Ihren Zuhörern zu verankern. „Sagen Sie Ihren Zuhörern, was Sie ihnen sagen werden, sagen Sie es, und sagen Sie, was Sie gesagt haben", lautet eine bekannte rhetorische Regel. Das Wesentliche in wenigen Sätzen zusammengefasst, darauf kommt es an dieser Stelle an.

Nachdem Sie im Hauptteil alle Punkte abgehandelt haben, die Sie sich vorgenommen haben, machen Sie eine angemessen lange Pause. Nutzen Sie diese Pause dafür, sich zu vergewissern, dass Sie alles gesagt haben, was Sie sagen wollten. Sollten Sie an dieser Stelle merken, dass Sie wirklich etwas Wichtiges vergessen haben, so können Sie den Punkt mit folgender Formulierung einleiten: „Bevor ich jetzt zusammenfasse, möchte ich noch einen Gedanken anfügen ..." Ist alles gesagt, kommen Sie zur Zusammenfassung.

Mit folgenden oder ähnlichen Brückensätzen können Sie die Zusammenfassung einleiten:

- „Bevor ich zum Ende komme, lassen Sie mich noch einmal kurz zusammenfassen ...!"
- „Zusammenfassend möchte ich noch einmal auf die wichtigsten Gedanken hinweisen ...!"
- „Zusammengefasst möchte ich folgende Punkte noch einmal betonen ...!"

Sprechen Sie diesen Brückensatz laut, deutlich und gut betont. Sprechen Sie ihn so, dass dieser Satz wirkt. Mit dem Brückensatz, der Ihre Zusammenfassung ankündigt, sichern Sie sich wieder die Aufmerksamkeit aller Zuhörer, vielleicht „wecken" Sie sogar den einen oder anderen.

Nutzen Sie die Chance, alles, was Ihnen wichtig ist, in Kurzform klar und deutlich zu sagen! Deshalb gebe ich Ihnen den Tipp, die Zusammenfassung nicht dem Zufall zu überlassen, sondern vorzubereiten. Das schützt Sie auch davor, nicht wieder in einzelne Themen abzugleiten. Geben Sie Acht: Die Zusammenfassung darf nicht mehr Zeit in Anspruch nehmen als bis zu zehn Prozent der gesamten Vortragslänge.

> **Tipp 3:**
>
> Das zuletzt Gesagte wird am besten gemerkt. Nennen Sie das Wichtigste, Ihr Kernanliegen, in der Zusammenfassung immer am Schluss!

Keine Floskeln

Machen Sie am Ende das Schiff klar. Eine kurze, einprägsame Zusammenfassung und danach ein wirkungsvoller Schlusssatz. Punkt, aus, Ende. Keine Floskeln, keine leeren Worthülsen.

Immer wieder sind von Vortragenden solche oder ähnliche Floskeln zu hören: „Ich hoffe, ich habe keine Fragen offen gelassen …", „Ich hoffe, dass es mir gelungen ist, Ihr Interesse ein wenig zu wecken …", „Nun darf ich den Vortrag mit den Worten schließen …" Horchen Sie doch nur hin, wie das klingt und was es auslöst!

Das sind Wischi-Waschi-Sätze von Vortragenden, die sich quasi dafür entschuldigen wollen, dass sie es nicht schaffen, Dynamik zu verbreiten. Mit solch leerem Gelaber wird dann der letzte Funken Wirkung zerstört. Sie allerdings, liebe Leserin und lieber Leser, haben sich der wirkungsvollen Rhetorik verschrieben. Sie sprechen mitreißend und bringen solche Worte spätestens ab jetzt nicht mehr über Ihre Lippen!

Tipp 4:
Vermeiden Sie Worthülsen und Floskeln in der Schlussphase!

Zielorientierung bis zum Schluss

Während der ganzen Rede haben Sie nur auf eines hingearbeitet: auf den Schluss. Am Schluss sind Sie am Ziel Ihrer Rede angekommen. Am Schluss muss dieses Ziel noch einmal besonders hell aufleuchten. Den Schlusssatz richten Sie genau auf dieses Ziel aus. Was sollen die Zuhörer aufgrund Ihres Vortrags tun, denken oder fühlen? Sie haben den Schlusssatz perfekt formuliert und vorbereitet und lassen keinen Zweifel darüber aufkommen, was Ihnen wichtig ist und was Sie von Ihren Zuhörern erwarten.

Der Kerngedanke Ihrer Rede sollte noch einmal in einem einprägsamen Bild, einer beeindruckenden Formel, in einem prägnanten Appell gesteigert und verdichtet werden. Ihre Worte sollen sich einprägen. Dann ist auch das Publikum auf Ihr Ziel ausgerichtet.

> **Tipp 5:**
>
> Nutzen Sie den Schluss, um Ihr Ziel klar und deutlich zu transportieren!

Inszenierung am Schluss

Der Schlusssatz muss auch wie ein Schlusssatz klingen. Erinnern Sie sich an die Begrüßung, an die lasche, schwitzige Hand. Kein Mensch will so eine Hand – weder zur Begrüßung noch zum Abschied. Für Sie als Rednerin und als Redner heißt das: Geben Sie körpersprachlich und stimmlich noch einmal alles, was Sie zu bieten haben. Laufen Sie zur Höchstform auf. So wie ein 1000-Meter-Läufer vor der Ziellinie noch einmal Tempo aufnimmt, so darf ein Redner die letzten Sätze nicht stolpern, sondern muss sie in Höchstform hinter sich bringen.

Legen Sie Dramatik in die Stimme. Spielen Sie mit Betonung, Lautstärke und Tempo. Und dann kommt er, der letzte Satz, Ihre Botschaft am Ende, der Schlussknaller. Stimme absenken. Punkt. Sie schweigen, machen Sie eine Wirkungspause, damit die Zuhörer Zeit haben, den Schluss aufzunehmen. Dabei blicken Sie sicher ins Publikum, nicken danach oder deuten eine leichte Verbeugung an. Wenn Sie wollen, machen Sie einen halben Schritt zurück, das lässt die Anspannung aus Ihrem Körper entweichen. Durch diesen, auch körpersprachlich perfekt inszenierten Redeschluss, signalisieren Sie dem Publikum: Jetzt seid Ihr dran – mit Applaus! Und nach diesem fulminanten Schluss: Abgang.

> **Tipp 6:**
>
> Machen Sie aus dem Schluss eine Inszenierung. Geben Sie alles!

Der Schlusssatz als Höhepunkt

Der Schluss ist der letzte Höhepunkt der Rede. Der Schluss entscheidet darüber, ob die Zuhörer zufrieden heimgehen und etwas mitnehmen, was sie bewegt – oder ob sie schnell zur Tagesordnung übergehen und Ihren Vortrag schlicht und einfach vergessen.

Richten Sie in der Schlusssequenz Botschaften an die Zuhörer, die sie berühren. Was soll das Publikum aus Ihrer Rede folgern? Was erwarten Sie von Ihrem Publikum? Denken Sie daran: Der letzte Eindruck ist der bleibende Eindruck!

Wie auch bei der Einleitung und der Zusammenfassung empfehle ich Ihnen, den Schluss vorzubereiten und wörtlich auszuformulieren. Spontan, in der Hitze des Gefechts fallen einem selten die großen Würfe ein. Maximale Wirkung auch am Schluss: Der Schluss muss sitzen.

Wenn Sie einen guten, wirkungsvollen Abgang wollen, dann überlegen Sie sich einen Knallerschluss. Es gibt verschiedene Möglichkeiten, einen fulminanten Schluss zu gestalten – einen, der dem Publikum in Erinnerung bleibt. Hier ein paar Anregungen:

- **Appell:** Wenn Ihr Ziel war, Menschen zu bewegen, ist ein Appell ein guter Schluss. Packen Sie Ihre Aufforderung in den letzten Satz: „… Und deshalb beschwöre ich Sie – Ihrer Gesundheit zuliebe – lassen Sie sich noch heute gegen Influenza impfen!"
- **Zitate, Sprichwörter:** Zitate und Sprichwörter vermitteln Erfahrungen und Lebensweisheiten. Ein passendes Zitat kann Ihren Schlussgedanken illustrieren und verankern. Durch das Formelhafte wirken Sprichwörter eindringlich.
- **Ausblick:** „Wir stehen heute am Beginn einer neuen Ära. Wie wir heute entscheiden, wird unser Leben in Zukunft maßgeblich beeinflussen."
- **Entweder-Oder-Formel:** „Sie haben jetzt zwei Möglichkeiten: Entweder … oder …!
- **(Dramatische) Steigerung:** „Bayern sichern. Deutschland gestalten. Europa bauen."

- **Nutzanwendung:** „Beherzigen Sie das Forever-Fit-Programm – und erhöhte Cholesterin- und Blutzuckerwerte gehören der Vergangenheit an!"

Eine sehr wirkungsvolle Stilfigur möchte ich Ihnen etwas genauer vorstellen: die **Inclusio**. Hierbei spannen Sie vom Schlussgedanken einen Bogen zum Aufhänger am Anfang Ihrer Rede. Damit wird Ihr Vortrag sozusagen per Dramaturgie eine „runde Sache". Nutzen Sie diese Technik, knüpfen Sie an den Einstieg an, greifen Sie Ihre Eingangsgedanken wieder auf und bringen Sie diese zu einem „runden" Ende.

Viele Rednerinnen und Redner verwenden diese Technik. So z.B. auch Miriam Meckel, Kommunikationsberaterin und Professorin für Kommunikationsmanagement an der Universität St. Gallen. „Frauen besitzen das Plapper-Gen: Sie reden am Tag 23.000 Wörter, Männer dagegen nur 12.000, ...", startete sie ihre Rede. Im Schluss griff sie diesen Gedanken mit einem Lächeln wieder auf: „Ich habe jetzt 1.235 Wörter gesprochen, den Rest meiner Tagesration erlasse ich Ihnen."

Übrigens: Miriam Meckel erhielt im November 2001 den Cicero-Rednerpreis in der Kategorie Wissenschaft. Nutzen auch Sie die Technik, in Ihrer Rede einen Bogen vom Anfang zum Ende zu spannen!

> **Tipp 7:**
> Formulieren Sie einen wirkungsvollen Schluss und proben Sie ihn! Stimmführung und Betonung müssen perfekt sein!

Kein Dank für Aufmerksamkeit

Was ist der häufigste Schlusssatz? Sie kennen ihn sicher, haben ihn wahrscheinlich hunderte Male gehört. Genau, es ist: „Danke für Ihre Aufmerksamkeit!" So enden viele Reden – leider. Und die Tatsache, dass man gewisse Redewendungen immer wieder hört, machen diese nicht besser. Schon der britische Publizist Cyril Northcote Parkinson wusste: „Von allen dummen Floskeln, die man tagtäglich hören kann, ist das ‚Thank you!' am Ende einer Rede die dümmste."

Der Schluss einer Rede ist gleichzeitig ihr Höhepunkt. Nach diesem Höhepunkt darf nichts mehr kommen – außer einer langen Wirkungspause. Was auch immer käme, ließe das wieder zusammenfallen, was Sie rhetorisch über die ganze Rede aufgebaut und im Schluss zu einem Höhepunkt gebracht haben. Also weder ein „Danke für die Aufmerksamkeit", noch irgendwelche anderen Schlussfloskeln!

Aber nicht nur von der Wirkung, sondern auch von der Logik her ist es falsch, mit „Danke für die Aufmerksamkeit" zu schließen. Nur unter einer einzigen Bedingung ist es sinnvoll, sich beim Publikum für Aufmerksamkeit zu bedanken, nämlich dann, wenn Sie grottenschlecht waren und es fürs Publikum eine Leistung war, dazubleiben.

Bedenken Sie: Sie haben sich die Mühe gemacht, einen Vortrag vorzubereiten, und Sie haben es auf sich genommen, diesen Vortrag zu halten. Sie haben eine Leistung erbracht, und wenn Sie die Tipps aus meinen Rhetorik-Trainings bzw. aus diesem Buch befolgen, dann haben Sie „Wirkungsvolle Rhetorik" an den Tag gelegt und dann haben Sie Ihre Sache auch außerordentlich gut gemacht. Und für diese Leistung haben Ihnen die Zuhörer zu danken – und nicht umgekehrt. Und die Zuhörer tun das auch – mit ihrem Applaus. Und damit sind die Waagschalen wieder ausgeglichen.

> **Tipp 8:**
> **Bedanken Sie sich nicht für Aufmerksamkeit, wenn Sie gut waren!**

Abgang mit Applaus

Genauso wichtig wie der wirkungsvolle Auftritt ist der wirkungsvolle Abgang. Auch wenn Sie vielleicht froh sind, dass Sie es überstanden haben, und auch wenn Sie schon das Bedürfnis haben, sich wieder auf Ihrem Sitzplatz zu „verstecken", beginnen Sie auf gar keinen Fall schon bei den letzten

Worten, Ihre Unterlagen zusammenzupacken und den Rednerplatz zu verlassen. Das hinterlässt den Eindruck, als würden Sie flüchten, wäre doch schade, jetzt, wo alles so gut gegangen ist.

Bedenken Sie: Das Entgegennehmen des Applauses ist noch Bestandteil der Rede. So wie Ihre Rede nicht mit dem ersten Wort beginnt, so endet sie auch nicht mit dem letzten. Das bedeutet, dass Sie vorne kurz warten und den Applaus entgegennehmen. Und während die Zuhörer noch klatschen, nicken Sie ihnen kurz zu. Wenn Sie möchten, können Sie an dieser Stelle ein einfaches „Danke" sagen. Dann verlassen Sie sicheren Schrittes den Redeplatz.

Genießen Sie den Applaus. Sie haben ihn sich wirklich verdient. Ich erlebe immer wieder Rednerinnen und Redner, die den wohlverdienten Applaus irgendwie abwehren wollen. Sie würgen den Applaus bescheiden ab: „Nein, nein, danke das reicht ..." und strecken dabei die Hände aus, als wollten sie einen bösen Zauber abwehren. Das sind meist Menschen, die auch sonst mit Lob schlecht umgehen können. Lobt man zum Beispiel ihre Kleidung, kommt schnell als Antwort: „Ach, das ist schon ganz alt." Vergessen Sie diese falsche Bescheidenheit. Sie sind eine gute Rednerin und ein guter Redner. Sie haben den Applaus verdient. Wie heißt es so schön im Volksmund: „Bescheidenheit ist ein Zier – doch weiter kommt man ohne ihr!"

> **Tipp 9:**
> Genießen Sie Ihren Applaus, er gehört noch zur Rede dazu!

Dankesworte nach der Rede

Wenn Sie bei einer Tagung oder einer anderen öffentlichen Veranstaltung sprechen, so hat der Moderator üblicherweise nicht nur die Aufgabe, den nächsten Vortrag anzukündigen, sondern der Rednerin und dem Redner nach dem Vortrag zu danken und einige zusammenfassende Worte zu sagen. Diese Zusammenfassung sollte kurz sein, maximal eine halbe Minute, und einige zentrale Gedanken des Vortrags beinhalten.

Als sehr hilfreich hat sich die nachfolgende Formel erwiesen:
- Vielen Dank ...(Name)
- Was hat die Person gesagt, (wählen Sie eines)
  - was Ihnen gefallen hat
  - was Ihnen geholfen hat
  - was Sie beeindruckt hat
- Publikumsnutzen
- Wodurch wird der Redner und sein Beitrag in Erinnerung bleiben (Zum Beispiel: „Von nun an werde ich jedes Mal, wenn ich eine Rose sehe, an Ihre hilfreichen Tipps für die Gartenpflege denken.")
- Ausdrücken der Wertschätzung dafür, dass er seine Zeit geopfert und sein Wissen vermittelt hat
- Dank: „Danken wir nun gemeinsam (Name) ..."
- Leiten Sie den Applaus ein.

Wenn Sie selbst eine Veranstaltung moderieren, so können Sie die Formel als Rahmen verwenden, in den Sie die passenden Punkte einordnen, während der Vortragende spricht. Treten Sie als Rednerin und als Redner auf, so können Sie für den Moderator, entsprechend dieser Formel, die Dankesworte vorbereiten.

Unterschätzen Sie nicht die Wichtigkeit der Moderatorenrolle! Die Worte des Moderators werden die letzten Worte sein, die das Publikum hört. Es werden die Worte sein, welche die Zuhörer mit nach Hause nehmen, wenn Sie aus dem Saal strömen. Und diese Worte sollten nicht wahllos dahergestammelt sein, sondern zielorientiert und wirkungsvoll sein.

Tipp 10:

Überlassen Sie nichts dem Zufall. Bereiten Sie die Zusammenfassung Ihrer Rede für den Moderator vor!

Notizen:

Kapitel 7: So drücken Sie sich stimmlich und körpersprachlich aus

Unbewusste Signale als kommunikative Kraft!
10 Tipps für Stimme und Körpersprache

Only if they like you, they will like your show!

Weisheit aus dem Showbusiness

Mit jeder Rede präsentieren Sie sich zuerst selbst – ob Sie wollen oder nicht. Erst danach kommt Ihre Botschaft. Wenn Sie bei Ihrem Publikum durchfallen, dann wird auch Ihre Rede durchfallen. Deshalb ist es wichtig, sich selbst optimal zu präsentieren: in der Art aufzutreten, in der Art zu sprechen, in der Art sich zu kleiden.

Und Ihre Zuhörer wollen unterhalten werden. Information ist gut und wichtig, Unterhaltung ist besser und wichtiger. Vorbei sind die Tage der Reden vom Rednerpult aus. Ausgedient haben die Vortragenden, die ihr Manuskript auf dem Pult ablegen und ihren Vortrag ablesen. Wer sich hinters Rednerpult klebt und seine Arme darauf zementiert, baut eine Barriere zwischen sich und dem Publikum auf. So kann niemand begeistern.

Zuhörer wollen Action. Die Menschen sind ans Fernsehen gewöhnt und wollen unterhalten werden. Ihr Publikum ist an Aktivität gewöhnt und erwartet sie auch. Verzichten Sie auf ein Rednerpult, und wenn eines aufgebaut ist, dann lassen Sie es wegräumen, oder Sie stellen sich davor oder daneben. Die Technik heute macht es möglich (z.B. mit Ansteckmikrophonen), dass Redner sich frei auf der Bühne bewegen können. Frei vor seinem Publikum zu stehen ist ein äußeres Zeichen innerer Sicherheit. Auch wenn Sie bei Präsentationen Ihren Laptop auf einem Stehtisch platzieren, stellen Sie sich seitlich daneben – und nicht dahinter. Nur so können Sie Ihre Körpersprache wirkungsvoll einsetzen.

Seien Sie sich über eines im Klaren: Wenn Sie vor anderen sprechen, dann werden Sie nicht nur gehört, sondern auch gesehen. Und Sie teilen Ihren Zuhörern nicht nur Sachinformationen mit, sondern auch etwas über Sie selbst. Und das kommunizieren Sie mit Ihrer Körpersprache. Sie sprechen damit zwei Sprachen gleichzeitig: die verbale und die non-verbale.

„Körpersprache schlägt Sprache." Wenn Sie dieser Aussage zustimmen können, ist Ihnen die Bedeutung dieses Kapitels bewusst. Vielleicht haben einige Leser aber auch Zweifel? Ich gehe sogar noch weiter und behaupte, dass Körpersprache die verbalen Worte ins Gegenteil kehren kann. Ich will Ihnen das beweisen. Stellen Sie sich folgende Situation vor: Ich gehe langsam auf Sie zu, stelle mich seitlich neben Sie, ich wende mich Ihnen zu, lächle leicht, schaue Ihnen liebevoll in die Augen, und sage mit sanfter, weicher Stimme: „Sie sind ein Idiot!" – Und nun stellen Sie sich eine weitere Situation vor: Ich gehe mit aggressiver Körperhaltung auf Sie zu, blitze Sie mit vor Wut funkelnden Augen an und sage mit schneidigem Ton: „Sie sind ein wunderbarer Mensch!" Und jetzt entscheiden Sie, wem Sie mehr glauben – meinem Körper und dem, was er ausdrückt, oder meinen gesprochenen Inhalten. Im besten Fall werden Sie meine Worte für Ironie halten.

Bewegungen, Körperhaltung, Gestik, Mimik, Blickkontakt sind Bestandteil jedes Vortrags. Überzeugungskraft und Wirkung haben Sie dann, wenn Ihre Körpersprache das verbal Gesagte unterstützt. Sind Körpersprache und Worte nicht stimmig, dann wirkt die Körpersprache stärker als das gesprochene Wort. Werden Sie sich bewusst, dass und warum Ihr Körper dieses oder jenes tut. So haben Sie die Chance, es auf Wunsch zu ändern, zu beeinflussen, zu verstärken oder wegzulassen. „Erst wenn ich weiß, was ich mache, kann ich tun, was ich will", sagte Moshe Feldenkrais, der Erfinder der Feldenkrais-Methode, ein körperorientiertes Konzept, anhand dessen man mehr über den eigenen Körper und seine Bewegungsmuster erfahren kann.

Es geht jetzt nicht darum, starre Regeln zu befolgen und aufgesetzte Gesten einzustudieren, sondern darum, Ihre eigene, zu Ihnen passende Körpersprache zu finden. Nur dann wirken Sie natürlich, authentisch, charismatisch und überzeugend. Und bedenken Sie: Man verkauft sich als Redner immer zuerst selbst und dann erst die Inhalte. Sie als Rednerin und als Redner sind Ihr bestes Argument.

Vom sicheren Stand zur sicheren Ausstrahlung

Wie in vielen Sportarten, z.B. beim Fechten, beim Qi Gong, gibt es auch für Redner eine optimale Grundhaltung: Man steht aufrecht da, die Fußspitzen zeigen leicht nach außen, das Gewicht ist gleichmäßig auf beide Füße verteilt, die Knie sind leicht gebeugt, aufrechte Körperhaltung, Schultern nach hinten und nach unten, Arme locker vor dem Körper in Taillenhöhe. Mit dieser Grundhaltung strahlen Sie als Redner Ruhe und Sicherheit aus. Dabei geht es nicht so sehr darum, ob Sie sich innerlich ruhig und sicher fühlen, sondern dass Sie ruhig und sicher auf die Zuhörer wirken. Und ruhig wirken ist der erste Schritt zum Ruhig-Werden – sollten Sie nervös sein.

Ruhe und Gelassenheit sollte die Grundstimmung sein, die Sie ausstrahlen. Im Laufe Ihrer Rede werden Stimmungen und Emotionen wahrscheinlich wechseln – und damit auch Ihre Körpersprache.

Übung „Bodenkontakt":

Für einen überzeugenden Auftritt brauchen Sie das Gefühl, mit beiden Beinen fest auf dem Boden zu stehen. Um diese „Erdung" zu verbessern, brauchen Sie zwei Tennisbälle.

Sie ziehen die Schuhe aus und lassen einige Minuten lang einen Tennisball unter Ihrem rechen Fuß kreisen. Kreisend und drückend aktivieren Sie so Ihre Fußsohle. Tun Sie sich etwas Gutes. Durch die Massage der Reflexzonen regen Sie alle Organe und auch die Atmung an. Außerdem wird der Fuß warm. So können Sie keine „kalten Füße" haben vor Ihrem Auftritt. Nach einigen Minuten stellen Sie den Fuß flach auf den Boden und fühlen mit geschlossenen Augen, wie intensiv der Bodenkontakt ist.

Dann wiederholen Sie die Übung mit dem anderen Fuß. Danach wieder flach hinstellen und nachspüren.

Anschließend können Sie sich mit beiden Fersen auf die Tennisbälle stellen, die Füße etwa schulterbreit. Genießen Sie das Gefühl.

Übung „Haltung zeigen":

Sie brauchen wieder zwei Tennisbälle und klemmen diese links und rechts unter die Achseln. Dann atmen Sie tief durch und achten darauf, was passiert.

Genau, Ihr Brustkorb wird geweitet, die Schultern sinken etwas nach unten. Sie richten sich automatisch auf. So können Sie sich nicht „klein machen". Sie stehen aufrecht und können frei und gut atmen.

Tipp 1:

Eine gute Grundhaltung lässt Sie sicher wirken und gibt Ihnen Sicherheit!

Gehen als Ausdrucksmittel

Sind Sie ein Tiger oder ein Baum? Ist eine Rede erst einmal am Laufen, gibt es zwei Exemplare von Rednern: die Tiger und die Bäume. Die einen tigern rastlos hin und her und vor und zurück und finden keinen Punkt der Ruhe. Die anderen stehen wie angewurzelt da und man hat den Eindruck, man müsste sie fällen, um sie von ihrem Platz wegbewegen zu können.

Was ist nun richtig? Gehen oder stehen? Die richtige Antwort lautet: „Beides oder keines von beiden!" Richtig ist: zielbewusstes Bewegen. Genauso wie Sie Ihre Worte wählen, wählen Sie bewusst Ihre Bewegungen. Natürlich können und sollen Sie sich als Rednerin und als Redner bewegen. Sie sollen ja nicht einer Statue gleich wie Ihr eigenes Denkmal vor den Zuhörern stehen. Voraussetzung ist, es sind Bewegungen, die Sie bewusst setzen und die aus der Sicherheit kommen. Unruhiges Hin- und Hergehen und ständige Gewichtsverlagerungen gehören nicht dazu. Nicht umsonst gibt es die Redewendung „Einen Standpunkt haben". Das heißt, es gilt die richtige Mischung aus zweckbewusster Bewegung und sicherem Stehen zu inszenieren.

Vielleicht gehen Sie zu einem Flipchart oder zu Ihrem Laptop. Wenn Sie das tun, dann gehen Sie mit einem Ausdruck von Entschlossenheit. Gehen Sie von Ihrem zentralen Redeplatz zum Flipchart und vermitteln Sie dabei ein Gefühl der Wichtigkeit. Das Publikum wird die Bedeutung Ihrer Botschaft unbewusst spüren und besser verankern. Wenn Sie sich unsicher bewegen, reduzieren Sie die Aussagekraft Ihrer Worte und damit verpufft die Wirkung.

Wie schaut er nun aus, der Gang, der beeindruckt? Jede Gehbewegung hat Ausdruckskraft. Kleine, vorsichtig gesetzte Schritte wirken unsicher, sehr weite und rasche Schritte wirken hektisch. Probieren Sie folgenden Gang aus: Bevor Sie losgehen, sammeln Sie sich innerlich und kommen Sie zur Ruhe. Ihr Körper ist aufrecht, der Blick ist waagrecht auf Ihr Ziel gerichtet. Sie setzen bewusste, raumgreifende Schritte. Das ist der Gang der Erfolgreichen.

Entscheiden Sie sich, welchen Eindruck Sie erwecken wollen. Wenn Sie wissen, wie Sie wirken wollen, können Sie Ihr Gehen und Ihre Bewegungen als Ausdrucksmittel entsprechend einsetzen. Nicht umsonst schwingen sich viele Rede-Profis durch einen eleganten Sprung auf die Redebühne. Sie wollen Dynamik vermitteln und Ihr Publikum mitreißen.

> **Tipp 2:**
> Demonstrieren Sie körpersprachlich Ihren „Standpunkt"! Wenn Sie sich bewegen, dann zielgerichtet!

Umarmen Sie Ihr Publikum

Der Arm des Menschen wird in der medizinischen Fachsprache auch als obere Extremität bezeichnet. Die Frage, die meine Seminarteilnehmer in den Rhetoriktrainings mit Abstand am häufigsten stellen, ist: „Wohin mit den Händen?" Offenbar werden die Arme zu recht „Extremitäten" genannt, wenn es so schwer fällt, eine gute Position für sie zu finden.

Der Redeanfänger findet für dieses Problem verschiedene Lösungen: Die Arme Hilfe suchend am Pult festgeklammert, zeugt von mangelnder Souveränität, unbeteiligt neben dem Körper baumelnd, ist der eher linkische, unsichere Typ am Werk. Die Arme in die Hüften gestemmt, vermittelt für einzelne Zuhörer nicht nur einen herausfordernden, sondern oftmals sogar bedrohlichen Eindruck, hinten am Rücken versteckt, erinnert entweder an Lehrer oder macht den Eindruck, etwas verbergen zu wollen. Oder der Redeanfänger hält krampfhaft einen Stift fest oder einen Stichwortzettel in der Hand und fesselt sich quasi selbst damit.

Grundsätzlich gilt für die Gestik: Die Gesten kommen leichter, wenn die Ausgangsposition der Arme in Nabelhöhe ist, die Hände locker ineinander gelegt. Das ist auch eine gute Ruheposition für die Hände, wenn Sie mal nicht gestikulieren, wenn Sie zum Beispiel passiv jemandem aus dem Publikum zuhören, der eine Frage stellt. Und aus dieser Ruheposition lösen sich die Hände leicht, um zu gestikulieren.

Welche Gesten kann man ausführen? Mit Gesten können Sie auf etwas zeigen und den Blick führen. Sie können dem Gesagten Nachdruck verleihen. Und Sie können mit bildhaften Gesten das gesprochene Wort unterstützen. Bildhafte Gesten machen aus Zuhörern Zuseher. Ihr Körper hat ein beachtliches Repertoire an Arm- und Handbewegungen. Hierzu ein paar Beispiele und Anregungen:

- Ich = mit der rechten Hand auf sich selbst zeigen
- Das Publikum = mit beiden Händen auf das Publikum weisen, Handflächen nach oben
- Die anderen = mit einer Hand zur Tür zeigen
- Gleichgewicht = beide Hände leicht anheben, Handflächen nach unten, so als würde man eine Waage andeuten
- Denken = mit der rechten Hand auf die Stirn zeigen
- Erstens, zweitens, drittens = den Daumen, dann den Zeigefinger, dann den Mittelfinger der rechten Hand aufstellen

Interessant ist auch, dass unsere Hände entwicklungsgeschichtlich in enger Beziehung zu unserem Gehirn stehen. Mit den Händen und der immer feiner werdenden Motorik begannen wir, die Welt zu begreifen und zu gestalten. Was das menschliche Gehirn erdachte, setzten die Hände um – und was die Hände ergriffen, wurde vom Gehirn verarbeitet. Wir greifen nach der Welt, um sie uns „be-greifbar" zu machen. Hand und Hirn stehen in enger Wechselbeziehung. Das spiegelt sich auch in einigen Redewendungen wider: Wir begreifen und sind ergriffen, wir berühren und sind berührt.

Der Arm, die obere Extremität des Menschen, hat die größtmögliche Bewegungsfreiheit aller Körperteile. Diese enorme Funktionsfähigkeit ist bedingt durch die Beweglichkeit des Schultergelenks, des Ellbogengelenks, des Handgelenks sowie in weiterer Folge der Handwurzel- und Fingergelenke. Nutzen Sie die Möglichkeiten, die sich Ihnen bieten: kleine Bewegungen aus dem Handgelenk, mittlere Bewegungen aus dem Ellbogengelenk, große Bewegungen aus der Schulter. Richten Sie die Größe Ihrer Bewegungen nach der Anzahl der Zuhörer.

Die häufigste Ausrede „Ich will nicht fuchteln", wird nur dann zur traurigen Wahrheit, wenn Sie im kleinen Kreis mit ein bis drei Zuhörern reden und wie wild aus dem Schultergelenk gestikulieren. Umgekehrt haben Sie auf einer großen Bühne vor vielen Menschen absolut keine Wirkung, wenn Sie nur Mini-Gesten aus dem Handgelenk machen. Da müssen Sie raumgreifend aus dem Schultergelenk gestikulieren und quasi Ihr Publikum umarmen. Natürlich fließende, offene Armbewegungen vermitteln Souveränität und Sicherheit. Ein Tipp: Üben Sie langsame, gleitende, würdevolle Bewegungen mit den Armen. Die Wirkung ist größer als bei raschen, hektischen Bewegungen.

Arme und Hände sind außerdem ein effektives Energieventil. Wandeln Sie die aufgestaute Lampenfieber-Energie in eine dynamische Gestik um! So bauen Sie Nervosität ab und Selbstsicherheit auf.

> **Tipp 3:**
> **Suchen Sie sich eine Ruheposition für die Hände in Nabelhöhe, aus der Sie souverän gestikulieren können!**

> **Übung „Herzlich willkommen":**
>
> Stellen Sie sich vor, ein Publikum vor sich zu haben. Nehmen Sie Ihre Redehaltung ein. Dann machen Sie eine Geste, mit der Sie zum Beispiel Ihr Publikum herzlich begrüßen und quasi einladen, Ihnen zuzuhören. Lassen Sie diese Geste etwas stehen, bevor Sie sie wieder zurücknehmen.
>
> Sie können auch eine kurze Begrüßung zu Ihrer Gestik sprechen.

Spieglein, Spieglein, im Gesicht

Das Gesicht ist der Spiegel der Seele. Im Gesicht zeigen sich die inneren Gedanken und Gefühle. Jede Gefühlsregung spiegelt sich in oft nur minimalen Veränderungen des Gesichts wider. Pupillen weiten oder verengen sich, Mundwinkel gehen nach oben oder unten, die Augenlider sind mehr oder weniger geschlossen, Falten glätten oder vertiefen sich. Mimik nennt man die Gesamtheit dieser Veränderungen des Gesichtsausdrucks.

An der Mimik kann man die seelischen Vorgänge in einem Menschen am besten ablesen. Pokerspieler versuchen deshalb, durch einen möglichst starren Gesichtsausdruck zu verhindern, dass ihr Gesicht verrät, wie gut oder schlecht ihre Karten sind. Daher kommt der Ausdruck „Pokerface".

Die Mimik steht in direktem Zusammenhang mit unseren innersten Gefühlen und Gedanken und ist daher nur sehr schwer zu kontrollieren oder zu beeinflussen. Das beste Rezept für eine überzeugende Mimik ist, von den Inhalten der Rede selbst tatsächlich überzeugt zu sein. Dann stehen Ihre unbewussten Signale nicht im Widerspruch zu dem, was Sie sagen, sondern sind stimmig.

> **Tipp 4:**
>
> Zeigen Sie Ihren Zuhörern eine ausdrucksstarke Mimik und lassen Sie sie einen Blick in Ihre Seele werfen!

Übung „Gesichtsausdruck":

Jetzt habe ich ein interessantes Experiment für Sie. Ideal ist es, wenn Sie es mit einem Partner durchführen: Versuchen Sie einmal, so richtig gelangweilt den Unterkiefer hängen zu lassen. Atmen Sie durch die Nase, sonst gähnen Sie. Lassen Sie sich nun in diesem Zustand von Ihrem Partner ansprechen und eine Rechenaufgabe stellen. Wie viel ist z.B. 13 mal 25?

Sie werden überrascht sein, wie schwer es fällt, mit diesem Gesichtsausdruck zu denken.

Oder versuchen Sie es umgekehrt mit einem Partner, dem Sie vorher nicht sagen, worum es geht und stellen Sie die Rechenaufgabe. Ist interessant zu beobachten.

Unser Gesichtsausdruck kann sogar unsere Denkleistung beeinflussen. Jetzt stellen Sie sich die folgende Situation vor, die leider viel zu häufig passiert: ein Redner, der sein Publikum langweilt. Das an sich ist schon ein rhetorisches Verbrechen an den Zuhörern. Aber die Tatsache, dass, wenn die

Augen immer kleiner werden und die Kiefer immer weiter nach unten fallen, die Leute sich immer schwerer tun mit dem Denken, das sollte einem als Rednerin und als Redner schon bewusst sein. Also, langweilen Sie niemals, wirklich niemals, Ihre Zuhörer.

Vom Pokerface zum Smily

Es gibt ein nonverbales Zeichen, das fast auf der ganzen Welt verstanden wird: das Lächeln. Dementsprechend viele Redewendungen und Zitate gibt es zu diesem Thema: „Ein Lächeln ist der kürzeste Weg zwischen zwei Menschen.", weiß der Volksmund. Die Chinesen sagen: „Wer nicht lächeln kann, sollte kein Geschäft eröffnen." Von Charlie Chaplin stammt der Ausspruch: „Jeder Tag, an dem Sie nicht lächeln, ist ein verlorener Tag!" Oder wie gefällt Ihnen dieser Spruch: „Das Leben ist wie ein Spiegel. Wenn man hineinlächelt, lächelt es zurück." Der Verhaltensforscher Desmond Morris meint dazu: „Das Lächeln ist zweifellos die wichtigste, mitmenschlich verbindende Geste, über die wir verfügen."

Ob es sich um ein echtes Lächeln oder ein aufgesetztes Grinsen handelt, erkennen die meisten Menschen intuitiv. Ein echtes Lächeln zeichnet sich im gesamten Gesicht ab. Es bilden sich um die Augen Krähenfüße und die Wangen heben sich. Ein aufgesetztes Grinsen dagegen beginnt und endet meist abrupt und die Augen lächeln nicht mit.

Lächeln Sie. Beim Publikum steigen Ihre Sympathiewerte und Ihnen selbst tut es auch gut. Ihr Lächeln bringt nicht nur die Zuhörer, sondern auch Sie selbst in eine bessere Stimmung. Starten Sie schon die Begrüßung des Publikums mit einem freundlichen, offenen Lächeln. Doch achten Sie auf ein echtes Lächeln. Die Zuhörer wollen kein starres Grinsen, das aus dem Gehirn kommt, sondern das warme, sympathische Lächeln direkt aus Ihrem Herzen.

> **Tipp 5:**
>
> Lächeln Sie – und schon steigt die Stimmung, bei Ihnen und bei Ihrem Publikum!

Schau mir in die Augen, Kleines

Es gibt Redner, die mit dem Blick ausweichen und ihre Zuhörer weder vor noch während der Rede anschauen. Was soll das bezwecken? Geben Sie sich nicht dem Trugschluss hin, dass, wenn Sie niemanden anschauen, die anderen Sie auch nicht sehen. Wenn Sie Ihr Publikum ignorieren, möglichst rasch Ihren Text runterbeten und danach fluchtartig den Rednerplatz verlassen, dann ersparen Sie sich und Ihren Zuhörern diesen Auftritt doch gleich. Ohne (Augen-)Kontakt isolieren Sie sich. Und glauben Sie mir: Man kann furchtbar einsam vor einem Publikum stehen und aus ein paar Minuten kann eine halbe Ewigkeit werden. Das Wort „Augenkontakt" zeigt Ihnen wortwörtlich den Weg: Suchen Sie mit den „Augen" „Kontakt" zu Ihren Zuhörern.

Sie wollen doch die größtmögliche Wirkung bei Ihrem Publikum erreichen, oder nicht? Eine interessante Untersuchung hat gezeigt, dass Zuhörer, die einen Redner bewerten sollten, diesen um 40 Prozent schlechter beurteilten, wenn sie keinen Augenkontakt hatten, als jene Personen, die Augenkontakt hatten. Wobei der Augenkontakt nicht nach seiner Quantität, seiner Häufigkeit, sondern nach seiner Qualität, seiner Intensität bewertet wird. Ein intensiver Augenkontakt hinterlässt einen intensiven Eindruck. Beim Flirten mit dem anderen Geschlecht läuft ohne intensive Blicke gar nichts. Flirten Sie auf Teufel komm' raus mit Ihren Zuhörern. Blickzuwendung bedeutet Aufmerksamkeit, Interesse, Sympathie, Zuneigung und Freundlichkeit.

Immer wieder habe ich Seminarteilnehmer, die Bedenken haben, dass Blickkontakt wie Anstarren wirken könnte. Die Kontaktdauer mit einem einzelnen Zuhörer muss einige Sekunden betragen, damit dieser das Gefühl bekommt, einbezogen zu sein. Das heißt, dass Sie Ihren Blick nicht zu rasch hin und her schweifen lassen, sondern entsprechend lang bei einzelnen Zuhörern oder Zuhörer-Gruppen verweilen. Solch ein „verweilendes Schauen" drückt auch Bindungsfähigkeit aus. Als Rednerin und als Redner vermitteln Sie Interesse und Hinwendung zur Person des Zuhörers.

Verteilen Sie Ihre Augenkontakte gleichmäßig. Setzen Sie, besonders bei großem Auditorium, die W-M-Technik ein. Folgen Sie mit Ihrem Blick dem Muster eines großen „Ws" und eines großen „Ms", das Sie durch die Zuschauerreihen ziehen. Verweilen Sie mit Ihrem Augenkontakt jeweils an den fünf Punkten dieser Buchstaben. Und wechseln Sie die „Ws" und „Ms" ab. So fühlen sich die jeweiligen Zuhörergruppen angeschaut und angesprochen.

Blickkontakt signalisiert Selbstsicherheit, Stärke und Überzeugungskraft. Außerdem unterstreichen Sie die Bedeutung des Arguments. Es ist einfach unmöglich, Argumente abzulesen und dabei überzeugend zu wirken. Das wäre in etwa so, als würde man eine Liebeserklärung ablesen.

Zudem können Sie durch Augenkontakt die Aufmerksamkeit des Publikums fesseln. „Alles, was du sagst, sagst du jemandem ins Gesicht", lautet eine bewährte rhetorische Regel. Halten Sie sich daran, auch wenn Sie zum Beispiel Medien, wie Laptop und Beamer, einsetzen.

Tipp 6

Halten Sie Blickkontakt, solange Sie sprechen! Wenn Sie sich abwenden, um z. B. den Laptop zu bedienen, schweigen Sie!

Übung „Augenkontakt":

Lernen Sie, mit Ihren Zuhörern Augenkontakt aufzunehmen. Stellen Sie sich an das Ende des Raumes. Stellen Sie sich vor, dass Sie vor einem Raum voller Menschen stehen, die in Reihen vor Ihnen sitzen und in Ihre Richtung blicken. In der Mitte ist ein Gang, der auf Sie zuführt, links und rechts davon befinden sich fünf Stühle in fünf Reihen.

Wählen Sie jetzt irgendeinen Satz, den Sie sagen wollen. Wenn Ihnen kein Satz einfällt, versuchen Sie es mit dem folgenden:

„Wie viele Menschen, mit denen Sie in Ihrem Leben zu tun haben, warten darauf, dass Sie sie anlächeln?"

Sagen Sie Ihren Satz jetzt und vermeiden Sie jeden Augenkontakt. Schauen Sie einfach zur Decke oder auf den Boden oder über die Köpfe der imaginären Zuhörer hinweg ins Leere.

> Wiederholen Sie den Satz, blicken diesmal aber eine einzelne Person in der imaginären ersten Reihe an. Wiederholen Sie Ihren Satz immer wieder und schauen Sie dabei immer eine andere Person an. Das machen Sie so lange, bis Sie alle Ihre imaginären Zuhörer bewusst angeschaut haben.
>
> Welchen Unterschied stellen Sie fest – je nachdem, ob Sie die Leute anschauen oder nicht? Konnten Sie spüren, wie sich Ihre Energie auf diese Menschen überträgt?

Stimme macht Stimmung

Kaum ein anderes Körpermerkmal ist so unverwechselbar wie die eigene Stimme. Die Klangfarbe, die Modulation und ob sie kantig, voll, rund oder schrill klingt, all das macht Ihre Stimme einzigartig.

Die Stimme spiegelt auch Ihren emotionalen Zustand wider. Sie können mit gut gewählter Kleidung Figurschwächen überspielen und mit Make-up und Abdeckstift Pickel verdecken. Sobald Sie jedoch sprechen, merken die Menschen, in welchem Seelenzustand Sie sich befinden. Sobald Sie den Mund aufmachen, stehen Sie quasi wie nackt da. Das stellt Redner vor die Herausforderung, sich in einen positiven Zustand zu begeben, in dem die Stimme optimal zur Geltung kommt. Im Kapitel zum Thema Lampenfieber finden Sie dazu zahlreiche Übungen und Tipps.

Allgemein gilt: Eine wohlklingende, warme Stimme löst in den Zuhörern angenehme Gefühle aus. Tiefe Stimmen kommen besonders gut an. Sie wirken auf Menschen glaubwürdiger, kompetenter und selbstsicherer als hohe oder gar schrille Stimmen. Und kräftige, laute Stimmen wirken überzeugender als dünne, leise Stimmen. Wer zu leise redet, ist nicht nur schwer zu verstehen, sondern erscheint unsicher, inkompetent und durchsetzungsschwach. Beachten Sie aber, dass Sie nur so laut reden, wie Ihre Stimme mühelos trägt, sonst kann es passieren, dass die Stimme umkippt, was auch nicht gut wirkt.

Menschen, die oft und viel sprechen müssen, können mit einer ausgebildeten Stimme erstens ihre Stimme schonen und zweitens wesentlich mehr Wirkung erzeugen. Wenn Sie mit Ihrer Stimme nicht zufrieden sind, bzw. lernen wollen, sie noch besser einzusetzen, empfehle ich Ihnen ein Sprechtraining. Dort lernen Sie, Ihre Stimme auszubauen, sie tragfähig und gut hörbar einzusetzen und klar und deutlich zu sprechen. Und wenn es Sie stört, beim Reden immer wieder in die Mundart zu verfallen, auch in diesem Fall macht ein Sprechtraining Sinn, bei dem Sie die korrekte Hochlautung lernen.

Apropos Mundart. „Darf man bei einer Rede in der Mundart reden?" Diese Frage wird mir von Seminarteilnehmern sehr oft gestellt. Die Antwort lautet: „Das kommt darauf an." Und worauf kommt es an? Auf den Dialekt, auf Sie selbst, das Publikum, die Erwartungshaltung, die Situation. Sie merken schon, eine gewisse Flexibilität ist von Vorteil. Wenn Sie sowohl Dialekt als auch Hochsprache reden können, dann können und sollen Sie Ihre Sprache ziel- und zuhörerorientiert einsetzen.

Die Grundvoraussetzung einer Rede ist, dass Ihr Publikum Sie versteht – und so sollen Sie auch reden. Wenn Sie einen schwer verständlichen Dialekt sprechen, wird man Sie nur in Ihrer Region verstehen. Kommen Ihre Zuhörer aus unterschiedlichen deutschen Sprachräumen, dann sollten Sie sich der Hochlautung so weit nähern, dass Sie eindeutig verstanden werden. Ihre Heimat-Melodie darf ruhig mitschwingen. Ein Schweizer spricht anders Hochdeutsch als zum Beispiel ein Hamburger und wieder anders als ein Wiener – auch wenn sich alle drei bemühen, Hochdeutsch zu sprechen.

> **Tipp 7:**
> **Reden Sie gerade zu Beginn lieber etwas lauter als zu leise. Kräftiges Sprechen baut Energie ab und reduziert Lampenfieber.**

Betonung schafft Aufmerksamkeit

Eine lebendige, gut betonte Stimme gibt den Worten Kraft und Leben und schafft somit Aufmerksamkeit. Eine fade, monotone Sprechweise schläfert ein. Das stimmliche Betonen ist eines der Mittel, die Rednern zur Verfügung stehen, um Dinge hervorzuheben. So, als würden Sie beim Schreiben durch Unterstreichen etwas hervorheben.

Nichts fesselt Ihre Zuhörer so sehr wie eine virtuose Betonung. Gehen Sie aus sich heraus, trauen Sie sich! Aufmerksamkeit und begeisterter Applaus sind Ihr Lohn.

Tipp 8:

Fesseln Sie Ihre Zuhörer mit exzellenter Betonung!

Durch die Betonung, das Hervorheben einzelner Silben, einzelner Wörter, von Satzteilen oder ganzen Sätzen können Sie Akzente setzen, können Sie einer Aussage Gewicht verleihen. Aber Achtung: Betonung kann auch den Sinn einer Aussage verändern.

Übung zur Betonung:

Artikulieren Sie deutlich die Silbenfolge „mübüdümünüsü". Achten Sie darauf, dass Sie kein „ie" sagen.

Variieren Sie die Silbenfolge immer mit anderer Intention:

- schmeichelnd
- befehlend
- drohend
- überzeugend
- fragend
- entnervt
- und was Ihnen sonst noch so einfällt

> **Übung „Der Ton macht die Musik":**
>
> Bitte sprechen Sie den Satz „Morgen bist du dran!" in den nachstehenden verschiedenen Betonungen. Betonen Sie jeweils den Text in *kursiv*, und achten Sie auf die Bedeutungsvariationen:
>
> „*Morgen* bist du dran!"
>
> „Morgen *bist* du dran!"
>
> „Morgen bist *du* dran!"
>
> „Morgen bist du *dran*!"

Im richtigen Redetempo

Ungeübte Vortragende reden oft zu schnell. Man könnte fast meinen, sie möchten fertig sein, bevor sie richtig angefangen haben. Unbewusst ist das wahrscheinlich auch so. Jedenfalls erschwert zu schnelles Sprechen den Zuhörern das Mitdenken. Dem Redner ist der Inhalt bekannt. Für das Publikum ist das Gesagte hoffentlich neu. Da braucht man Zeit, die Information zu verarbeiten. Und wenn die Zeit zum Mitdenken und Verarbeiten nicht mehr ausreicht, dann schalten die Zuhörer ab. Außerdem wird zu hohes Sprechtempo monoton, was auch dazu führt, dass die Aufmerksamkeit der Zuhörer verloren geht.

Aber auch wenn Sie zu langsam sprechen, entgleiten Ihnen die Zuhörer leicht. Wundern Sie sich nicht, dass die Gedanken der Zuhörer abschweifen, wenn Sie in so einem Schneckentempo sprechen, dass man das nächste Wort kaum erwarten kann.

Was ist nun die Lösung für dieses Dilemma? Monotones Sprechen – egal ob langsam oder schnell – schläfert ein. Variation erzeugt Aufmerksamkeit. Wechseln Sie im Sprechtempo langsamere und schnellere Passagen. Je wichtiger das Argument, desto bedächtiger die Sprechweise. Zu schnelles Sprechen lässt die Argumente nicht voll zur Geltung kommen. Also sprechen Sie wesentliche Gedanken, besonders bei hoher Informationsdichte, etwas langsamer. Erzählungen, Geschichten, Praxisbeispiele können etwas lebhafter und dynamischer gesprochen werden.

Denken Sie während des Vortrags ständig mit. Lassen Sie Ihre Gedanken nicht zu weit vorauseilen, es besteht die Gefahr, dass Ihre Zunge hinterher hastet. Das Resultat ist ein zu hohes Redetempo.

Auch die Größe des Raums ist von Bedeutung. Ein großer Saal verlangt ein langsameres Tempo als ein kleines Besprechungszimmer. Die Echowirkung im großen Saal zwingt zu langsamerem Redetempo, besonders dann, wenn man über ein Mikrophon spricht. Daran sollten vor allem Anfänger denken, wenn sie zu Hause im stillen Kämmerlein ihren Vortrag vorbereiten und dabei auch noch die Redezeit kontrollieren. Erfahrungsgemäß brauchen Sie in der Realsituation immer länger als bei den Proben.

Manche Vortragende reden nicht nur schnell, sondern im wahrsten Sinne des Wortes „pausenlos". Es würde niemandem einfallen, einen mehrseitigen Brief oder gar ein Buch ohne Absätze zu schreiben. Absätze sind für den Schreiber als Strukturierungshilfe wichtig und dem Leser erleichtern sie das Aufnehmen des Textes. Entsprechend beim Reden: In den Denkpausen kann sich der Redner sammeln und den nächsten Gedanken im Geist vorbereiten, die Zuhörer können das bisher Gehörte verarbeiten, um für Neues aufnahmebereit zu sein. Wobei diese Denkpausen vom Redner auf gar keinen Fall mit Verlegenheitslauten, wie „Äääh", „Also" oder „Und", gefüllt sein sollten.

Pausen reduzieren nicht nur das Redetempo, sondern sind darüber hinaus ein wichtiges Stilmittel, um Akzente zu setzen und Spannung zu erzeugen. Alles, was Sie sagen, wirkt erst durch die Pause. Alles, was wirken soll, wie Appelle, rhetorische Fragen, Zitate, Bilder u.ä., wirkt erst durch die Pause. Damit die Pause ihre Wirkung entfalten kann, müssen Sie als Rednerin und als Redner selbstsicheren Blickkontakt mit Ihren Zuhörern halten.

Pausen sind angebracht:
- vor bzw. nach einem Höhepunkt
- vor bzw. nach einer wichtigen Erklärung
- vor bzw. nach einem Sinnabschnitt
- vor bzw. nach jeder Zusammenfassung

Rhetorik-Profis unterscheiden Pausen zwischen den Sätzen (Interpausen) und Pausen innerhalb eines Satzes (Intrapausen). Interpausen geben den

Zuhörern die Gelegenheit, das Gehörte einzuordnen und darüber nachzudenken. Intrapausen machen neugierig und steigern die Aufmerksamkeit.

Zur Pause brauchen Redner Mut. Redner empfinden eine Pause von zwei bis drei Sekunden schon lang und peinlich und werden nervös. Von den Zuhörern wird dieser Hauch einer Pause noch nicht einmal wahrgenommen. Das beginnt erst bei fünf bis acht Sekunden, wie Untersuchungen zeigen. Und wenn Sie als Redner in dieser Zeit Selbstsicherheit ausstrahlen, dann wirkt auch eine längere Pause so, als würde sie so gehören. Mit dieser Erkenntnis können Sie in Zukunft ruhig bleiben, wenn sie mal kurz den Faden verloren haben, denn Sie wissen, dass Sie genügend Zeit haben, Ihre Gedanken wieder zu sammeln.

> **Tipp 9:**
>
> **Variieren Sie Ihr Redetempo entsprechend den unterschiedlichen Phasen Ihrer Rede und machen Sie Pausen!**

Für notorische Schnellredner gibt es neben der Pausentechnik noch ein weiteres, sehr wirkungsvolles Mittel, um das Redetempo zu reduzieren: die präzise, deutliche Artikulation. Auch wenn Sie tendenziell etwas zu leise sprechen, unterstützt Sie eine deutliche Aussprache, um vom Publikum besser verstanden zu werden.

> **Übung „Korkensprechen":**
>
> Das Korkensprechen ist eine Übung, die viele Schauspieler und Berufssprecher vor wichtigen Auftritten ein paar Minuten lang machen. Sie erhöht die allgemeine Geschmeidigkeit der Sprechmuskulatur und sorgt dafür, dass die optimale Lautbildung automatisiert wird.
>
> Nehmen Sie dazu einen Flaschenkorken einige Millimeter weit zwischen die Schneidezähne. Lesen Sie laut einen beliebigen Text und versuchen Sie, so klar und deutlich wie möglich zu artikulieren. Bis auf das „S" und

> seine Verbindungen, „X" und „Z" lassen sich alle Laute deutlich formen.
>
> Eines werden Sie merken: Sprechen ist harter Muskeleinsatz. Bewegen Sie Ihre Lippen, dann klappt es. Beim Korkensprechen kommt ein leichter Druck auf die Kiefer, machen Sie nach dem Korkensprechen einfach ein paar Lockerungsübungen.
>
> Danach kommt noch ein Durchgang mit dem selben Text, allerdings ohne Korken, bei dem Ihnen die optimale Lautbildung leichter fallen sollte.

Outfit als Visitenkarte

Bevor Sie gehört werden, werden Sie gesehen. Bevor Sie das erste Wort gesagt haben, haben Sie schon Ihre Visitenkarte abgegeben: mit der Wahl des Kostüms, mit der Wahl des Anzugs, mit der Wahl der Schuhe. Die Kleidung bestimmt zu einem großen Teil den ersten Eindruck. Und der erste Eindruck, den Sie hinterlassen, ist entscheidend. So gesehen, stimmt die alte Weisheit: „Kleider machen Leute." Bedenken Sie, dass Sie auch mit Ihrem Äußeren und Ihrer Kleidung etwas ausdrücken. Ihre „Kleidersprache" sollte widerspiegeln, wie Sie sich als Rednerin und als Redner präsentieren möchten und was Sie mit Ihren verbalen Aussagen kommunizieren wollen.

Die äußere Hülle erzeugt den ersten Eindruck – egal ob Sie das richtig finden oder nicht. Achten Sie also auf ein gepflegtes Äußeres. Von Ihrem Äußeren schließen Menschen auf Ihr Inneres, Ihre Kompetenz, Ihre Glaubwürdigkeit. Knitterfreie Kleidung, gute Stoffqualität, geputzte, neuwertige Schuhe, ein frischer Haarschnitt, ein dezentes Make-up sind die Basics. Bei einer Farb- und Stilberatung bekommen Sie detaillierte Tipps passend zu Ihrem Typ. Nutzen Sie diese Möglichkeiten!

> **Tipp 10:**
>
> Achten Sie auf ein gepflegtes Äußeres! Bedenken Sie: Sie „verkaufen" sich als Rednerin und als Redner immer zuerst selbst!

Notizen:

KAPITEL 8: SO GEHEN SIE MIT FRAGEN UND EINWÄNDEN UM

Eine Frage, bitte …!
10 Tipps, wie Sie souverän mit Fragen und Einwänden umgehen

*Wer in die Öffentlichkeit tritt, hat keine Nachsicht
zu erwarten und keine zu fordern.*

Marie v. Ebner-Eschenbach

Einwände, Fragen und Zwischenrufe sind für viele Rednerinnen und Redner wahre Angstmacher. Diese Angst ist fast immer unbegründet. Die wenigsten Einwände und Fragen werden mit böser Absicht gestellt, um sie aufs Glatteis zu führen und ausrutschen zu lassen. Das spielt sich meist nur in der Fantasie der Vortragenden so ab.

Mit Einwänden und Fragen müssen Sie als Rednerin und als Redner aus einem ganz logischen Grund immer rechnen: Wenn es bei Ihrem Redethema nur Pros und keine Kontras geben würde, dann müssten Sie andere nicht überzeugen und somit auch nicht Ihre Argumente und Ideen präsentieren. Dass es Gegenargumente gibt, heißt allerdings noch lange nicht, dass Ihre Ideen deshalb nicht wert sind, vertreten zu werden. Wichtig ist nur, dass ein Minus auf der einen durch ein Plus auf der anderen Seite aufgewogen oder gar überwogen wird. In der Gesamtheit müssen die Vorteile überwiegen. Und wenn Sie noch so gut vorbereitet sind und Ihre Vorschläge mit noch so überzeugenden Argumenten untermauern, rechnen Sie dennoch mit Fragen und Einwänden.

Kommen Fragen und Einwände, dann kann es auch sein, dass Sie beim Vortragen diese selbst verursacht haben, z.B. wenn Sie zuviel Wissen vorausgesetzt, sich unklar ausgedrückt oder an den Interessen der Zuhörer vorbeigeredet haben. Vielleicht waren Ihre Begründungen doch zu wenig stichhaltig oder Sie haben als Redner aggressiv, arrogant oder langweilig gewirkt.

Die Ursachen für Fragen oder Einwände können aber genauso gut bei den Zuhörern liegen. So kann ein Einwand sachlich wirklich begründet sein oder die Zuhörer eine vorgefasste Meinung haben. Vielleicht haben einzelne Zuhörer ein ausgeprägtes Geltungsbedürfnis oder verhalten sich bewusst unsachlich, um Sie als Redner zu Fall zu bringen. Vor Publikum zu sprechen ist schon ein wenig wie ein Sprung ins kalte Wasser. Und ab und zu kann es vorkommen, dass einzelne Zuhörer austesten wollen, ob Sie auch wirklich gut „schwimmen" können. Aber wie schon gesagt, mehrheitlich können Sie von freundlichen Zuhörern ausgehen.

Fragen und Einwände gehören also zur Tagesordnung einer Rednerin und eines Redners. Es besteht kein Grund, sich davor zu fürchten. Ganz im Gegenteil, die Art und Weise, wie Sie mit Einwänden umgehen, kann Ihnen sogar Vorteile bringen. Lassen Sie sich davon nicht überraschen, sondern bereiten Sie sich darauf vor.

Spielen Sie „advocatus diaboli"

Als Rednerin und als Redner sind Sie Experte und Expertin für Ihr Thema und Sie haben sich auf die Situation und die Zuhörer eingestellt und vorbereitet. Doch selbst bei bester Vorbereitung, wird es Ihnen nie gelingen, alle möglichen Einwände vorherzusehen. Was Ihnen gelingen kann, ist, dass Sie auf die meisten Einwände und Fragen vorbereitet sind und sicher antworten können.

Spielen Sie „des Teufels Advokat"! Beginnen Sie Ihre Vorbereitung auf Fragen und Einwände mit Ihrer eigenen Argumentation. Auch wenn Sie fest von Ihren Argumenten überzeugt sind, schlüpfen Sie in die Zuhörer und betrachten Sie Ihr Thema aus anderen Perspektiven. Bei welchen Punkten könnte es welche Einwände geben? Für jeden denkbaren Einwand sollten Sie mindestens ein bis zwei stichhaltige Entgegnungen präsent haben.

> **Tipp 1:**
>
> Gehen Sie mit Ihren Argumenten hart ins Gericht und bewerten Sie mit den Augen der Zuhörer, ob sie Bestand haben!

Übung „Advocatus Diaboli":

Spielen Sie des „Teufels Advokat" für Ihre Argumente. Versuchen Sie, mit allen Kräften Ihre eigenen Argumente zu widerlegen. Damit können Sie sich auf die Argumente des Gegners vorbereiten:

Eigene Argumente:	Mögliche Gegenargumente:
....	....
....	....
....	....
....	....

Einwände vorwegnehmen

Grundsätzlich können Sie bei der Einwandbehandlung agieren oder reagieren. Agieren heißt, dass Sie Einwände, mit denen Sie rechnen müssen, im Vortrag bereits vorwegnehmen, also selbst auf Sie zu sprechen kommen und sie entkräften. Das birgt natürlich die Gefahr, schlafende Hunde zu wecken. Reagieren bedeutet, dass Sie erst abwarten, ob überhaupt Fragen und Einwände kommen und erst dann darauf reagieren. Patentrezept gibt es keines, Sie müssen von Fall zu Fall entscheiden.

Wenn Sie sich für die aktive Einwandvorwegnahme entscheiden, achten Sie sehr genau auf Ihre Formulierungen. Ungünstig ist z.B. „Sie werden sich sicher denken ...", denn das impliziert, dass alle Zuhörer diesen Einwand haben. Viel besser ist diese Formulierung: „Einige von Ihnen haben sich vielleicht schon gefragt, ..." Erstens handelt es sich nur um einige wenige Einwendende, zweitens wird nur gefragt und nicht behauptet und drittens macht ein „Vielleicht" alles ganz schön vage.

> **Tipp 2:**
> Sprechen Sie Einwände, mit denen Sie sicher rechnen müssen, am besten selbst an und entkräften Sie diese!

Später ist auch noch Zeit

Was machen Sie nun in der Situation, wenn Fragen oder Einwände kommen. Eine bewährte Möglichkeit ist, die Beantwortung der Frage an einen späteren Zeitpunkt zu verlegen. Ihre Antwort könnte sich in etwa so anhören: „Danke für Ihren Hinweis, auf diesen Punkt komme ich später noch zu sprechen."

Damit hat der Fragesteller sein Gesicht gewahrt und Sie können in Ruhe weitermachen. Außerdem haben Sie Zeit gewonnen, um darüber nachzudenken und später umso professioneller zu antworten. Und sollten Sie „zufällig" vergessen, auf den angekündigten Punkt zu sprechen zu kommen –

macht nichts – zumindest in 90 Prozent der Fälle wird es niemandem auffallen. Seien Sie aber trotzdem vorbereitet, denn sollten doch die 10 Prozent eintreten, so können Sie davon ausgehen, dass Sie es mit einem hartnäckigen Menschen zu tun haben.

> **Tipp 3:**
>
> Verlegen Sie Fragen, wenn diese nicht in Ihr Konzept passen, ruhig nach hinten!

Kurz und bündig antworten

Behandeln Sie jede Zwischenfrage und jeden Einwand, wenn überhaupt, nur kurz und bündig. Beachten Sie diese Grundregel der Einwandbehandlung:

> **Tipp 4:**
>
> Wenn Sie auf Fragen antworten, dann kehren Sie so rasch wie möglich zum Thema zurück!

Lassen Sie sich auf keine Privatdiskussionen ein. Lassen Sie sich nicht vom „roten Faden" Ihrer Rede abbringen. Bleiben Sie konsequent bei Ihrem Konzept.

Und wenn Sie einen Einwand oder eine Zwischenfrage kurz und bündig beantwortet haben, dann unterlassen Sie bitte den folgenden Fehler: „Beantwortet das Ihre Frage?" oder ähnliche Formulierungen bekommt man leider immer wieder zu hören. Ihnen, liebe rhetorikinteressierte Leser, rate ich eindeutig davon ab. Sie graben sich selbst eine Grube. Ein „Nicht ganz!" als Antwort zwingt Sie, diesen Punkt nochmals zu erörtern. Der Hauptgrund, warum ich Ihnen so dringend davon abrate, ist allerdings, dass Sie sich als Redner selbst in Frage stellen. Wenn Sie als Redner, als Experte, eine Frage beantworten, dann ist wohl anzunehmen, dass Sie diese Frage beantwortet haben und die Antwort befriedigend ist. Also auf keinen Fall nachfragen. Überlassen Sie es dem Fragesteller, sich noch einmal zu melden, falls er noch Ergänzungen wünscht.

Ein Tipp noch zum Blickkontakt: Während ein Zuhörer eine Frage stellt, halten Sie Blickkontakt zum Fragesteller. So zeigen Sie Interesse an seiner Frage. Auch den ersten Teil Ihrer Antwort richten Sie bewusst an den Fragesteller. An dieser Stelle laufen die meisten Redner Gefahr, mit dem Blickkontakt bei der fragenden Person hängen zu bleiben. Dabei ist es an der Zeit, auch mit allen anderen Zuhörern wieder Blickkontakt aufzunehmen und sie einzubeziehen. Gegen Ende Ihrer Antwort schauen Sie nur noch sehr kurz zum Fragesteller und wenden Sie sich dann deutlich wieder dem übrigen Publikum zu. Ein längeres Anschauen im Anschluss an die Antwort wird von vielen Fragenden als Herausforderung empfunden, weitere Fragen zu stellen. Also, am Ende Ihres Statements kein Nachfragen, ob die Frage beantwortet ist, und kein Blickkontakt zum Fragesteller!

Mit Brückensätzen gewinnen

Um nach einer Frage oder einem Einwand Zeit zum Nachdenken zu gewinnen, beginnen viele Redner Ihre Antworten mit Brückensätzen. Das sind eher allgemeine Redewendungen ohne viel Inhalt. Hier einige Beispiele:

- „Sie sprechen da einen interessanten Punkt an …"
- „Ich freue mich, dass Sie das so offen ansprechen …"
- „Ich kann Sie da gut verstehen …"
- „Ihre Frage enthält eine Unterstellung, die so nicht zutrifft …"
- „Glücklicherweise handelt es sich dabei um Einzelfälle …"
- „Wie bei jeder Neuerung gibt es auch in diesem Fall Pro und Contra …"

Häufig verwendet wird auch der Brückensatz: „Danke für Ihren Einwand!" Streichen Sie als Redner das Wort „Einwand" aus Ihrem Wortschatz. Auf keinen, auf gar keinen Fall sagen Sie zum Einwendenden: „Danke für Ihren Einwand, …" oder etwas in der Art. Das Wort „Einwand" impliziert, dass jemand etwas gegen Ihre Ausführungen hat. Wenn Sie sich unbedingt bedanken möchten, dann ersetzen Sie das Wort „Einwand" durch das Wort „Frage". Das hört sich dann so an: „Danke für Ihre Frage …" Das Wort „Frage" ist ohne Wertung und völlig neutral.

> **Tipp 5:**
>
> **Mit Brückensätzen gewinnen Zeit zur Beantwortung von Fragen und Einwänden!**

Zuhören und Antworten als Frage des Stils

Gute Einwandbehandlung ist auch eine Frage des persönlichen Kommunikationsstils. Dass eine Frage sachlich, kurz und bündig beantwortet werden soll, ist selbstverständlich. Aber wie gehen Sie mit dem Fragesteller um? Wie genau hören Sie einem Menschen zu, der Ihnen als Rednerin und Redner eine Frage stellt, Sie vielleicht sogar unterbricht dabei? Wissen Sie, was er meint? Versuchen Sie, auf ihn einzugehen? Spiegeln Sie ihm Ihre Wahrnehmungen auf der Beziehungsebene wider?

Das würde bedeuten, dass Sie dem Fragesteller „aktiv zuhören". „Aktiv zuhören" verlangt, dass Sie sich ganz auf den anderen konzentrieren und nicht schon an Ihrer eigenen Argumentation basteln, während der andere noch spricht. Wie positiv sich so „aktiv zuhören" auf die Atmosphäre auswirkt und wie souverän Sie dabei die Situation steuern, möchte ich anhand eines Beispiels verdeutlichen.

Ein Fragesteller meint: „Halten Sie es tatsächlich für möglich, die Personalkosten auf dem heutigen Niveau zu halten? Ich zweifle daran. Ich glaube vielmehr, dass Sie bereits in den nächsten Wochen wieder ansteigen werden. Wie stehen Sie dazu?"
Und jetzt habe ich zwei Möglichkeiten für Sie vorbereitet. Wie wirkt die folgende Antwort auf Sie? „Ich will Ihnen das einmal an einem konkreten Beispiel erklären …"

Und wie wirkt diese Antwort auf Sie? „Ich verstehe Ihre Sorge um unsere Ertragslage. Betrachten wir die Entwicklung der Personalkosten einmal an einem konkreten Beispiel ..."

Der Inhalt der beiden Antworten ist der gleiche – aber welche klingt besser? Versetzen Sie sich in die Situation des Fragestellers. Bei welcher Antwort fühlen Sie sich wohler und mehr verstanden?

Natürlich brauchen Sie nicht jede Frage auf diese Art und Weise zu quittieren. Alles ist eine Frage der Dosis.

Auch Formulierungen, wie z.B. „Wenn ich Ihre Frage richtig verstehe, ..." oder „Damit ich ganz klar sehe: Es geht bei Ihrer Frage um ...", fallen in diese Kategorie. Und das ist ein weiterer wichtiger Aspekt: So stellen Sie sicher, dass Sie die Frage richtig verstanden haben bzw. machen diese auch allen anderen Zuhörern verständlich.

Außerdem gewinnen Sie mit dieser kurzen Zusammenfassung auf elegante Art und Weise wertvolle Zeit, in der Sie sich eine passende Antwort zurechtlegen können. So können Sie sich wirklich voll und ganz auf den Fragesteller konzentrieren, solange dieser spricht.

> **Tipp 6:**
>
> **Nutzen Sie bei Fragen und Einwänden die Vorteile des „Aktiv Zuhörens"!**

So bleiben Sie ruhig und gelassen

Nur wenn Sie bei Einwänden und Zwischenrufen ruhig und gelassen bleiben, können Sie angemessen reagieren. Das Wichtigste dabei: Nehmen Sie Einwände und Zwischenrufe – auch wenn diese vielleicht ein wenig „spitz" sind – niemals, wirklich niemals persönlich. Einfacher gesagt als getan, meinen Sie? Die folgende Übung hilft Ihnen dabei.

> **Übung „Das geht an mir vorbei":**
>
> Probieren Sie folgende Mentaltechnik: Sehen Sie die spitze Wortmeldung als Pfeil, der auf Sie zugeschwirrt kommt – und zwar in einem Zeitlupentempo. Dieser Pfeil ist einfach viel zu langsam, um Sie zu treffen. Treten Sie gedanklich einfach zur Seite, lassen Sie den Pfeil vorbeifliegen und freuen Sie sich, darüber, dass er Sie nicht getroffen hat. Vielleicht haben Sie noch die Zeit zu schauen, aus welchem Material der Pfeil ist und welche Farbe er hat?
>
> So kann Sie kein „Pfeil" treffen, das ist schlichtweg unmöglich.

Mit diesem kleinen Trick gelingt es Ihnen sicher, folgende Grundregel der Einwandbehandlung zu befolgen:

> **Tipp 7:**
>
> **Bleiben Sie ruhig und sachlich und reagieren Sie angemessen!**

Zugegeben: Manchmal gehört sicher viel Selbstbeherrschung dazu, die Fassung zu bewahren. Manchmal ist die Versuchung groß, so richtig zurückzuschlagen. Aber bedenken Sie bitte immer eines: Als Rednerin und als Redner dürfen Sie nie die Grenze zur Beleidigung überschreiten. Tun Sie es, dann haben Sie mit Sicherheit das gesamte Publikum gegen sich. Und der Grat zwischen einer charmant-ironischen Antwort und einer bösartigen Erwiderung ist sehr schmal.

Nehmen Sie die Person des Fragenden oder Einwendenden immer ernst. Lassen Sie sich nicht dazu verleiten, sich über jemanden aus dem Publikum lustig zu machen oder diesen abzuwerten. Schießen Sie nicht mit Kanonen auf Spatzen! Die anderen Zuschauer werden sich in diesem Fall sofort auf die Seite des Betroffenen schlagen.

Wenn es auf Durchsetzung ankommt

Obwohl Ihnen die Zuhörer mit Sicherheit meistens wohl gesonnen sind, gibt es immer wieder auch die Ausnahme, die die Regel bestätigt. Früher oder später wird Ihnen ein Zuhörer entgegentreten, der aggressiv ist und Sie zu Fall bringen will. Spätestens nach der dritten, vierten Störung ist das Ziel klar: Sie zu provozieren. Und spätestens an diesem Punkt müssen Sie reagieren, denn Provokation dürfen Sie nicht zulassen. Reagieren heißt in diesem Fall aber nicht, aus der Haut zu fahren oder kräftig zurückzuschießen, denn wenn Sie die Fassung verlieren, dann hat Sie der Provokateur genau da, wo er Sie haben wollte. Sie gehen ab von Ihrer vorbereiteten Argumentationslinie und geraten in die Defensive. Provokateure sind auch daran zu erkennen, dass sie keine Fragen und keine sachlichen Argumente vorbringen, sondern eher Killerphrasen, wie z.B. „Das ist doch Unsinn!", „Alles Quatsch!", „Sie sind ein Traumtänzer!"

Zum Umgang mit Störenfrieden gibt es eine nette Anekdote über den deutschen Völkerrechtsprofessor Carlo Schmid, der auch 26 Jahre lang im Parteivorstand der SPD war: Nachdem er einige Male von ein und demselben Zwischenrufer unterbrochen worden war, sagte Schmid nur: „Unterlassen Sie Ihre Zwischenrufe, sonst antworte ich Ihnen." Dann war wieder Ruhe. Kein Wunder, dass ihm als erfahrenen Professor und alten Politikhasen niemand so leicht etwas vormachen konnte.

Was können Sie in solch einem Fall tun? Ein oder zwei Zwischenrufe können Sie getrost ignorieren. Bleibt der Störenfried weiter am Ball und wird es Ihnen zuviel, dann heißt es reagieren, dann müssen Sie sich durchsetzen. Als Rednerin und als Redner bedeutet das für Sie, dass Sie sich der Herausforderung stellen müssen. Der Handschuh ist geworfen, fürs Wegrennen ist es zu spät. Das Wichtigste ist, dass Sie innerlich ruhig und gelassen bleiben. Erinnern Sie sich an die letzte Übung „Das geht an mir vorbei".

Aggressives Verhalten zeigt sich auch an der Körpersprache: Meist springen Angreifer von ihrem Platz auf und wollen den Redner mit Drohgebärden und Killerphrasen zu Fall bringen. Gehen Sie einen Schritt - es können auch zwei sein - nach vorne in die Richtung des Angreifers. Das signalisiert: Ich stelle mich. Lassen Sie sich dann nicht auf lange, ziellose Diskussionen ein.

Versuchen Sie lieber, mit einem flotten Spruch zu punkten, wie z.B. „Herr Müller, Ihre Angriffslust ist bemerkenswert. Und auch gut. Das zeigt uns, dass wir bei diesem schwierigen Projekt alle unsere Kräfte aktivieren müssen!" Dann wenden Sie sich rasch wieder Ihrem Publikum zu und fahren fort: „Und mit genauso viel Einsatz, wie Herr Müller sich präsentiert - vielen Dank dafür - müssen wir an dieses Projekt herangehen …"

Legen Sie sich eine Standardantwort zurecht, die Sie je nach Bedarf ein wenig abwandeln können. Ein weiteres Beispiel: „Wie Sie an den lautstarken Beiträgen des Herrn mit der auffälligen, roten Krawatte aus der letzten Reihe ersehen können, kann man zu diesem Thema durchaus geteilter Meinung sein. Es ist ja auch gut, wenn Menschen unterschiedlicher Meinung sind. Meine Meinung – und mit der möchte ich jetzt auch fortfahren – ist folgende …" An dieser Stelle bitte keine Sprechpause machen, sondern bestimmt weiterreden. Sie haben zwar zugegeben, dass diese Person eine andere Meinung hat – nur kennt diese niemand, da Sie keine Gelegenheit gegeben haben, diese kund zu tun.

So bieten Sie gut Paroli. Sie demonstrieren, dass Sie die Spielregeln bestimmen. Heben Sie die angreifende Person aus der Anonymität, sodass alle Blicke auf diese Person gerichtet sind.

Und wenn all Ihre Bemühungen nicht fruchten und es einfach unmöglich ist, sich mit dem Zwischenrufer sachlich auseinander zu setzen, dann können Sie noch immer an den guten Stil und gepflegte Umgangsformen appellieren.

> **Tipp 8:**
>
> **Bleiben Sie auch bei hartnäckigen Störern innerlich ruhig und legen Sie sich eine Strategie zurecht, für den Fall, dass Sie sich durchsetzen müssen!**

Auf den Diskussionsteil vorbereitet sein

Sehr häufig ist gerade nach Präsentationen eine Diskussion vorgesehen bzw. besser formuliert: „Eine Möglichkeit, Fragen zu stellen". Es kann gut sein, dass die Diskussions- oder Fragerunde nur schwer oder überhaupt nicht in Gang kommt. Das ist ganz natürlich. Ihre Zuhörer haben gerade einen mehr oder weniger langen und mehr oder weniger spannenden Vortrag gehört, hängen vielleicht noch einigen Gedanken nach und dann sollen sie plötzlich Fragen stellen. Viele haben auch Scheu davor, sich mit einer Wortmeldung zu exponieren und schweigen lieber.

Für den Fall der Fälle sollten Sie darauf vorbereitet sein, sonst könnte es peinlich werden. Am besten, Sie bereiten sich selbst zwei, drei Fragen vor, mit denen Sie den Frageteil notfalls eröffnen können. Nehmen wir einmal an, Sie beginnen diesen Part in etwa so: „Ich stehe Ihnen gerne zur Verfügung. Welche Fragen haben Sie an mich?" Niemand meldet sich, betretenes Schweigen im Raum und je länger es dauert, umso unangenehmer wird die Situation.

Natürlich müssen Sie eine Weile warten, aber bevor es peinlich wird, müssen Sie selbst eine der vorbereiteten Fragen einfließen lassen und können mit der einen oder anderen interessanten Zusatzinformation die Situation retten. Hier ein paar Beispiele, wie Sie einen eleganten Übergang gestalten:

- „Eine Frage, die immer wieder gestellt wird, ist ..."
- „Bei einer der letzten Veranstaltungen wurde ich gefragt ..."
- „In diesem Zusammenhang ist vielleicht noch interessant ..."

> **Tipp 9:**
> Bei großem Publikum und knapper Zeit ist es sinnvoll, die Publikumsfragen zu einem Themenkomplex auf einem Flipchart zu sammeln und sie danach gesammelt zu beantworten.

Die Fragerunde gekonnt abschließen

Die Rede ist meistens gut vorbereitet. Gut so. Der Frageteil ist meistens gar nicht vorbereitet. Schlecht so. Vor allem der Schluss ist in dieser Phase besonders wichtig. Es ist der endgültige Abschluss Ihrer Rede. Leider verabschieden sich viele Redner mit Verlegenheitsfloskeln wie z.B.: „Wenn es keine weiteren Fragen mehr gibt, dann danke ich Ihnen für Ihr Interesse!" So geht leider ein Großteil der Wirkung Ihrer Ausführungen wieder verloren.

Durch den Frageteil und die Diskussion vergessen die Zuhörer unter Umständen, was überhaupt Ihr Anliegen, die Kernbotschaft des Vortrags war. Machen Sie es besser. Halten Sie Diskussionspunkte, über die im Publikum Konsens erreicht wurde, am Flipchart fest. Fassen Sie Ergebnisse der Diskussion und eventuelle beschlossene Maßnahmen am Ende der Fragerunde noch einmal kurz zusammen.

Nutzen Sie diese Gelegenheit, die Zuhörer wieder auf Ihre Kernbotschaft auszurichten. Bereiten Sie einen ausdrucksstarken Schlusssatz vor. So ist auch eine Fragerunde auf maximale Wirkung ausgerichtet.

> **Tipp 10:**
>
> Schließen Sie auch nach Fragerunden mit einem aussagekräftigen Schlusssatz, mit dem Sie Ihre Kernbotschaft noch einmal verankern!

Notizen:

KAPITEL 9: SO SETZEN SIE MEDIEN PROFESSIONELL EIN

Medien: Vom Laptop bis zum Flipchart!
10 Tipps für den professionellen Einsatz

Die Krankheit unserer Zeit ist der Perfektionismus.

Konrad Adenauer, deutscher Bundeskanzler

Medien – sofern Sie überhaupt welche verwenden – sind nur Hilfsmittel und sollen Sie als Rednerin und als Redner unterstützen. Das Medium darf nie Mittelpunkt sein, sondern immer nur Mittel zum Zweck. Gerade bei Power-Point-Präsentationen ist diese Bedingung sehr schwer zu erfüllen. Wenn etwas projiziert wird, fesseln die Bilder an der Wand sofort die Aufmerksamkeit der Zuhörer. Oft wird nicht nur die Aufmerksamkeit des Publikums gefesselt, sondern auch die der präsentierenden Person, die dann ebenfalls auf die Wand schaut und mit der Wand spricht statt mit dem Publikum.

Sie als Person treten bei Power-Point-Präsentationen (vorerst) in den Hintergrund. Und das ist die besondere Herausforderung an Power-Point-Präsentierende: Sie sollen weiterhin der Mittelpunkt bleiben, das Medium ist nur das Hilfsmittel. Präsentierende, die ihre Präsentation in den Mittelpunkt rücken und nichts anderes machen als diese zu erklären oder Folieninhalte vorzulesen, bewältigen diese Herausforderung sicher nicht!

Übrigens: Selbstverständlich gibt es auch andere Präsentationsprogramme als Power-Point von Microsoft. Da aber rund 90 Prozent aller Präsentationen auf diesem Programm erstellt werden, hat sich dieser Begriff so eingebürgert, dass generell von Power-Point-Präsentationen gesprochen wird.

Gleich für welches Medium Sie sich entscheiden, ob für Flipchart, Pinnwand, Whiteboard, Overhead-Projektor, Laptop/Beamer, für alle gelten einige unverzichtbare Einsatzregeln, wie Sie gleich erfahren werden.

Lesbarkeit als oberstes Gebot

Alle Zuhörer sollen freie Sicht auf das Medium haben, welches Sie einsetzen wollen. Überprüfen Sie das am besten vor Beginn Ihrer Präsentation, dann können Sie noch umstellen. Das geht allerdings nur, wenn Sie frühzeitig am Vortragsort sind, nur so können Sie noch alles kontrollieren.

Abgesehen von den räumlichen Gegebenheiten muss auch Ihre Präsentation so gestaltet sein, dass sie von allen gelesen werden kann. Gerade bei Firmenpräsentationen erlebe ich immer wieder überfüllte Folien mit viel zu kleiner Schrift und riesigen Tabellen, wo überhaupt nichts zu erkennen ist.

Und dann wird noch wild herumgefuchtelt mit dem Laser-Pointer, um Dinge zu zeigen, die ohnehin niemand lesen kann. Sorry, so nicht!

> **Tipp 1:**
>
> Gestalten Sie den Raum und Ihre Präsentationen so, dass alle Zuhörer alles lesen können!

Der Mittelpunkt sind Sie

Auch wenn Sie Medien verwenden, Ihre Zuhörer sind gekommen, um Sie zu sehen und zu hören. Wäre das nicht der Fall, könnten Sie allen Beteiligten die Mühe sparen und gleich Ihre Präsentation per E-Mail versenden. Die Frage stellt sich, wie Sie es schaffen, Medien als Hilfsmittel einzusetzen und selbst als Rednerin und als Redner im Mittelpunkt zu bleiben. Die Antwort ist schon fast in den Mund gelegt: Sie sind der Mittelpunkt – im wahrsten Sinne des Wortes. Das heißt, Sie besetzen die mittige Position auf der Bühne. Ordnen Sie Leinwand und Geräte so an, dass Sie nahe, aber nicht exakt im Mittelpunkt stehen. Selbstverständlich dürfen Sie trotzdem nicht im Bild stehen.

Außerdem sollten Sie links vom Bild stehen, egal ob Flipchart oder Leinwand. Links ist dort, wo die Zeilenanfänge sind, links beginnen die Achsen von Diagrammen, links ist einfach mehr los. Von der linken Position aus können Sie auch sehr gut den Blick der Zuhörer führen. Zeigen Sie mit Ihrer linken Hand auf den jeweiligen Zeilenanfang. So bringen Sie Bewegung ins „Bild". Bleiben Sie dem Publikum zugewandt – Sie erinnern sich: Ihr Publikum soll Sie möglichst nicht von hinten sehen! Zeigen Sie mit der ganzen, geschlossenen Hand, Handinnenseite oder Handkante zur Leinwand. Aber Achtung: keine Akrobatik und keine Fingersignale.

> **Tipp 2:**
>
> Platzieren Sie sich nahe dem Mittelpunkt und links vom Bild!

Die Folienschlacht am Präsentationsbuffet

Wir alle kennen die Folienschlachten, bei denen Vortragende Ihre Zuhörer gnadenlos „erschlagen". Es war auch noch nie einfacher und es ging noch nie schneller als heutzutage, Folien zu erstellen. In Zeiten von Power-Point und Co genügen ein paar Klicks auf dem PC und schon ist eine Folie nach der anderen fertig. „Wie viele Folien sind erlaubt?" werde ich häufig von meinen Seminarteil-nehmern gefragt. So ganz eindeutig lässt sich diese Frage nicht beantworten, aber wer in einem 20-Minuten-Vortrag 50 Folien präsentiert, übertreibt auf jeden Fall. Einmal mehr kommt die bekannte Regel „Weniger ist mehr" zum Tragen. Wer unbedingt einen Richtwert möchte: Nicht mehr als eine Folie pro Minute Vortrag!

Bei einer guten Präsentation haben Sie weniger Folien und ergänzen lieber das eine oder andere mündlich dazu. So ziehen Sie auch wieder die Aufmerksamkeit der Zuhörer auf Ihre Person.

> **Tipp 3:**
> **Reduzieren Sie die Anzahl der Folien auf das absolute Mindestmaß!**

Reduktion auf das Wesentliche

„Weniger ist mehr", gilt auch bei der Foliengestaltung. Reduzieren Sie den Text auf das Nötigste. Pro Folie nur eine Kernaussage. Wenn möglich keine ganzen Sätze – außer es handelt sich um einen Merksatz, eine Definition oder ein Zitat. Bei Textfolien mit Aufzählungen gilt: nur Stichwörter. Außerdem gilt die so genannte Einhand-Regel: Maximal fünf (so viele wie Finger einer Hand) Aufzählungspunkte pro Folie!

Achten Sie auch auf ausreichende Schriftgröße und ein einheitliches Layout. Sehr beliebt und oft verwendet wird weiße Schrift auf dunklem Hintergrund. Auch wenn es vielleicht optisch schön ausschaut: auf Dauer ist helle Schrift auf dunklem Hintergrund anstrengend zu lesen. Probieren Sie es aus: Schwarz und Dunkelblau sind als Schriftfarben auf hellem Hintergrund am besten lesbar. Testen Sie beim Einsatz eines Beamers immer die Farbdarstellung Ihrer Folien. Da kann es böse Überraschungen geben. Manche Beamer verändern die Farbdarstellung drastisch. Da es nicht immer möglich ist, einen Probedurchgang mit dem Beamer durchzuführen, der bei der Präsentation zur Verfügung steht, ist es sinnvoll, in solchen Fällen auf sichere Farben zurückzugreifen. Dies sind in der Regel die Grundfarben. Mischfarben sollten Sie eher vermeiden.

> **Tipp 4:**
>
> **Gestalten Sie Folien einfach! Eine Folie ist gut, wenn Sie kein Wort und keine Zahl mehr weglassen können!**

Bei Animationen sparen

Viele beherrschen die Präsentations-Software so gut, dass sie unbedingt zeigen wollen, was sie können und einen Effekt nach dem anderen zeigen. Die Zuschauer fragen sich insgeheim, wie man das macht – und schon ist die Aufmerksamkeit abgelenkt. Spielen Sie nicht mit Animationen, sondern setzen Sie diese bewusst ein. Verwenden Sie Animationen nur, wenn diese Sinn machen, z.B. bei Aufzählungen, wo Sie eine Weile über den jeweiligen Punkt referieren. In dem Fall ist es angenehm, wenn Sie Punkt für Punkt einblenden können.

Und wenn Sie Animationen verwenden, dann bitte einfache. Der Text soll keine fünf Saltos machen, bevor er irgendwo am Chart einen Platz findet. Das macht auch das ruhigste Gemüt nervös und ungeduldig. Ihr Ziel ist nicht, vom Publikum dafür bewundert zu werden, wie toll Sie Power-Point beherrschen und ausreizen. Ihr Ziel ist die Überzeugung Ihrer Zuhörer.

> **Tipp 5:**
>
> **Setzen Sie Animationen sparsam ein!**

Aktiv präsentieren

Haben Sie eine Vorstellung davon, was es bedeutet, aktiv zu präsentieren? Nun, passiv präsentieren würde bedeuten, dass Sie immer das, was gerade auf der Folie zu lesen ist, auch referieren. Das wird mit der Zeit langweilig für das Publikum. Steigern Sie die Aufmerksamkeit und führen Sie Ihre Präsentation aktiv durch. Kündigen Sie prinzipiell jede Folie an! Und zwar nicht erst, wenn alle die Folie ohnehin schon auf der Leinwand sehen, sondern bereits vorab, bevor Sie die Enter-Taste drücken. Auf diese Weise verkürzen Sie die Lesezeiten und steigern außerdem die Erwartungshaltung und Aufmerksamkeit Ihrer Zuhörer. Ein Beispiel: „So, meine Damen und Herren, nachdem wir uns mit dem Äußeren unseres neuen Produktes befasst haben, sollten wir uns ansehen, was unter der Verkleidung steckt. Dazu zeige ich Ihnen auf der nächsten Folie erst einmal ..." Am Ende des Satzes klicken Sie „Enter" und geben den Zuhörern einige Momente zum Betrachten der neuen Folie.

Nun werden Sie zu recht einwenden, dass Sie sich unmöglich die Reihenfolge aller Folien Ihrer Präsentation merken können. Wahrscheinlich können Sie das tatsächlich nicht. Deshalb empfehle ich, sich Speakernotes auszudrucken und als letzte, unterste Bemerkung jeweils zu vermerken, was die nächste Folie zeigen wird. So können Sie souverän auf die jeweils nächste Folie eingehen und Ihre Zuhörer neugierig machen auf das, was kommt. Sie müssen auch nicht jede einzelne Folie vorab ankündigen. Das hängt von den Folien und deren Inhalten ab. Auf jeden Fall müssen Sie die neue Folie dann vorab ankündigen, wenn Sie einen neuen Gedanken, ein neues Thema beginnen.

> **Tipp 6:**
>
> **Führen Sie aktiv durch Ihre Präsentation und kündigen Sie neue Folien vorab an!**

Ausblenden ist möglich und sinnvoll

Wenn Sie eine Power-Point-Präsentation vorbereitet haben, dann empfehle ich Ihnen, einige Minuten frei zu sprechen, bevor Sie Ihre Präsentation einschalten. Das verleiht Ihnen trotz der nachfolgenden Technik eine persönliche Note, und Sie haben die volle Aufmerksamkeit.

Wenn Sie zu einem Inhalt keine Folie haben, wenn Sie zum Beispiel vom Thema abschweifen oder wenn Sie Fragen aus dem Publikum beantworten, dann bitte wirklich keine Folie auf die Leinwand projizieren. Blenden Sie die Folie in dem Moment aus, in dem Sie diese thematisch verlassen, und blenden Sie die neue Folie erst ein, wenn Sie sich den neuen Inhalten widmen wollen. Auch so holen Sie sich immer wieder die Aufmerksamkeit zurück.

Bei der Laptop-Beamer-Präsentation gibt es vorhersehbare und nicht vorhersehbare Phasen zum Ausblenden. Wenn Sie von vornherein wissen, dass Sie nach einer bestimmten Folie einen freien Vortrag halten oder ein paar Ergänzungen am Flipchart machen wollen, dann können Sie an der betreffenden Stelle gleich eine schwarze Folie einfügen. So werden Sie selbst an diesen Part erinnert und Ihr Publikum sieht noch keine Inhalte, die es noch nicht sehen soll!

Bei unvorhergesehenen Abschweifungen, wenn Sie z.B. eine Frage beantworten, können Sie den Bildschirm mit einem einzigen Tastendruck ausblenden: Wenn Sie Power-Point als Präsentationsprogramm im Bildschirm-Modus verwenden und die Taste B drücken, wird der Bildschirm schwarz, bei der Taste W wird er weiß. Leicht zu merken mit „Black" und „White". Wenn Sie zur Folienpräsentation zurückkehren wollen, drücken Sie die Taste wieder. Diese Tasten können Sie auch bei Präsentationsbeginn und -ende nutzen, wenn Sie frei sprechen wollen.

> **Tipp 7:**
> Holen Sie sich die Aufmerksamkeit Ihrer Zuhörer zurück! Nutzen Sie die Möglichkeit, Ihre Präsentation von Zeit zu Zeit auszublenden.

Mit Low-Tech zu mehr Aufmerksamkeit

Ein Medienwechsel von High-Tech zu Low-Tech lässt die Aufmerksamkeitskurve wieder ansteigen. Viele Vortragende haben Hemmungen, Flipchart oder Pinnwand als Medium einzusetzen, weil sie felsenfest davon überzeugt sind, dass sie erstens keine schöne Handschrift haben und zweitens nicht zeichnen können. Die gute Nachricht: Sie brauchen keine schöne Handschrift, um auf einem Flipchart lesbar zu schreiben. Es gibt ein paar ganz einfache Regeln, die es zu befolgen gibt – und schon schreiben Sie gestochen scharf und gut lesbar:

- Vergessen Sie die so beliebte Blockschrift, verwenden Sie Groß- und Kleinbuchstaben.
- Statt Schnörkelschrift verwenden Sie nüchterne, gerade Druckschrift.
- Schreiben Sie eher eng und blockartig mit kurzen Ober- und Unterlängen statt weit ausholend.
- Verwenden Sie einen dicken Flipchartstift bzw. einen Stift mit einer breiten, abgeschrägten Spitze und schreiben Sie lieber etwas zu groß als zu klein.

Auch Zeichnen ist nicht so schwierig: Nutzen Sie die ganz dicken Stifte in Jumbo-Größe. Je dicker der Strich, desto besser wirkt er. Ziehen Sie ein paar Linien mit einem Jumbo-Stift – und schon schaut Ihre Spontanzeichnung professionell aus.

> **Tipp 8:**
> Haben Sie den Mut, auch bei Power-Point-Präsentationen den Flipchart-Ständer als unterstützendes Zweitmedium einzusetzen.

Professionell mit Laptop und Beamer vortragen

Eine Laptop-Beamer-Präsentation ist einfacher als sie aussieht und wirkt, wenn man ein paar Punkte beachtet, sehr professionell. Der wichtigste Punkt vorweg: Halten Sie mit Ihrem Publikum Blickkontakt, auf keinen Fall mit der Leinwand. Idealerweise haben Sie die Leinwand linkerhand im Rücken, Ihr Bildschirm steht seitlich rechts neben Ihnen. So können Sie Blickkontakt zum Publikum halten, mit der Hand den Blick auf die Leinwand führen und sich trotzdem das eine oder andere Stichwort vom Bildschirm holen.

Ein Mausklick genügt, und die nächste Folie erscheint. Verwenden Sie eine schnurlose Maus. So sind Sie viel beweglicher und nicht gezwungen, sich zum Laptop zu beugen, um akrobatisch den nächsten Klick auszuführen. Vor der Präsentation sollten Sie allerdings überprüfen, wie groß die Reichweite Ihrer Maus ist und auf alle Fälle neue Batterien einlegen. Wenn die Signale beim Empfangsteil nicht ankommen, liegt es häufig daran, dass die Batterien schon schwach sind.

Beim Laserpointer können Sie sich das Austauschen der Batterien sparen, weil Sie sich den Laserpointer sparen können. Wie bereits erwähnt, sollten Folien so einfach wie möglich gestaltet und auf das Wesentliche reduziert sein. Wenn Sie etwas auf der Folie besonders hervorheben möchten, dann nutzen Sie die Möglichkeiten der Animation. Somit sollte gar keine Notwendigkeit bestehen, die an die Wand projizierten Inhalte mit dem Laserpointer zu erläutern. Der Einsatz eines Laserpointers führt unweigerlich dazu, dass Sie sich vermehrt der Wand zuwenden und den Kontakt zum Publikum verlieren. Schließlich müssen Sie ja selbst schauen, wo Sie mit dem Ding herumfuchteln. Also lassen Sie den Laserpointer gleich zu Hause.

> **Tipp 9:**
>
> Bleiben Sie immer in Kontakt mit Ihren Zuhörern, auch dann, wenn diese mit einer Leinwand Kontakt halten.

Wenn es sein muss: Handouts

Für jede Präsentation stellt sich die Frage nach schriftlichem Material für die Zuhörer. Gerade bei unternehmensinternen Präsentationen ist es häufig üblich, ja teilweise sogar verpflichtend, vor der Präsentation ein so genanntes Handout auszugeben.

Ein Handout soll Orientierung über den Präsentationsablauf geben und das inhaltliche Verständnis gezielt unterstützen. Allerdings hat ein Handout einen riesigen Nachteil – zumindest wenn es vorweg oder während der Präsentation verteilt wird: Vorbei ist es mit der ungeteilten Aufmerksamkeit, die Teilnehmer blättern in den Unterlagen. Entscheiden Sie selbst, ob Sie ein Handout verwenden wollen oder nicht. Auf keinen Fall soll das Handout zum Mitlesen die gesamte Präsentation Folie für Folie umfassen.

Erstellen Sie das Handout, wenn Sie eines ausgeben möchten, extra. Der gesamte Umfang der Unterlage sollte maximal drei bis vier Seiten betragen. Die erste Seite sollte zur Orientierung dienen und Thema, Ablauf und roten Faden verdeutlichen. Die restlichen Textseiten sollen nur Kernaussagen und Schlagwörter enthalten und viel Platz für Notizen.

Tipp 10:

Erstellen Sie Handouts als Orientierungshilfe mit einem Mindestmaß an Information!

Notizen:

KAPITEL 10: ERSTE HILFE BEI PLEITEN, PECH UND PANNEN

Pleiten, Pech und Pannen!
10 Tipps und Tricks für den Notfall

*Wenn etwas schiefgehen kann,
dann wird es auch schiefgehen.*

John W. Campbell, Jr.

Vielleicht tröstet es Sie, dass es wahrscheinlich nur einen Weg gibt, bei Vorträgen, Reden und Präsentationen keine Fehler zu machen bzw. keine Pannen zu erleben: Sie bleiben morgens möglichst still und unbeweglich im Bett liegen.

Leider müssen wir davon ausgehen, dass das in den wenigsten Fällen geht. Also, raus aus den Federn, rein in die Klamotten und auf zu Ihrer Veranstaltung! Gerüstet mit ein paar Tipps und Tricks, sollten sich die meisten Fehler und Pannen auch wieder beheben bzw. ausmerzen lassen.

Hilfe, Verspätung!

Auch wenn der Wille da ist, rechtzeitig am Veranstaltungsort zu sein, und auch, wenn Sie einiges an Pufferzeit eingeplant haben – früher oder später erlebt jeder Vortragende das Horrorszenario: Sie kommen zu Ihrem eigenen Redeauftritt zu spät. Denken Sie an Finagles Gesetz (vollständig Finagles Law of Dynamic Negatives) von John W. Campbell: Wenn etwas schief gehen kann, dann wird es auch schief gehen. Es ist nur eine Frage der Zeit.

Irgendwann einmal tritt einer dieser Fälle ein: der Zug hat Verspätung, die Autobahn ist aufgrund einer Massen-Karambolage gesperrt, als Sie einsteigen wollen, hat Ihr Auto einen Platten, die U-Bahn hat eine Panne, der Wecker hat in der Nacht den Geist aufgegeben und Sie haben süß weitergeträumt, Sie haben die Umstellung von Winter- auf Sommerzeit vergessen.

Rufen Sie von unterwegs an und geben Sie Bescheid. Im Zeitalter des Mobiltelefons ist das selbstverständlich. Bis zu Ihrem Eintreffen können Sie sich eine Geschichte überlegen, mit der Sie die Gemüter besänftigen. Der wirkliche Grund Ihres Zuspätkommens interessiert die Zuhörer herzlich wenig. Verlieren Sie höchstens einen Satz darüber und bedanken Sie sich bei den Zuhörern, dass sie so lange gewartet haben. Dann starten Sie sofort Ihre Rede oder Präsentation. Eine Ausnahme können Sie machen: wenn Sie wirklich mit einer spektakulären Geschichte aufwarten können. Diese können Sie zur allgemeinen Unterhaltung erzählen, bevor Sie starten.

> **Tipp 1:**
> Planen Sie für die Anreise Pufferzeiten ein. Sollten Sie trotzdem einmal zu spät kommen, machen Sie das Beste aus Dingen, die Sie nicht ändern können.

Hilfe, die Lage ist hoffnungslos!

Der Spruch von Paul Watzlawick „Die Lage ist hoffnungslos, aber nicht ernst!" hat sich schon fast als Standardaussage bei schwierigen Situationen eingebürgert. Für Redner eine absolut schwierige Situation ist, wenn man von vornherein weiß, dass das Publikum negativ eingestellt ist. Gott sei Dank, sind die Zeiten vorbei, in denen Überbringer schlechter Nachrichten geköpft wurden.

Wenn Sie in solch einer schwierigen Situation eine Rede halten müssen, folgt daraus nicht zwangsläufig, dass diese ein Misserfolg wird. Gegen negative Stimmung wappnen Sie sich am besten, indem Sie die folgenden drei Punkte beachten:

- Seien Sie realistisch. Zeichnen Sie ein ungeschminktes Bild der Lage, dann schätzen Sie die Zuhörer für Ihre Ehrlichkeit.
- Beweisen Sie Humor – wenn es die Umstände erlauben. Hier ist Feingefühl gefragt.
- Machen Sie dem Publikum Mut für die Zukunft. Irgendwo lässt sich doch immer ein kleiner Silberstreifen am Horizont entdecken.

> **Tipp 2:**
> Gegen negative Stimmung im Publikum brauchen Sie: Mut für Realismus, Humor und Hoffnung!

Hilfe, Eigentor!

Auch wenn man noch so gut ist als Rednerin und als Redner, und auch wenn man noch so gut vorbereitet ist: Fehler können passieren und Fehler werden passieren. Menschen machen Fehler. Wichtig ist, dass man nach einem Fehler nicht aufgibt und sich verkriecht, sondern wieder aufsteht und weitermacht. Das ist Sportsgeist, so sind unsere Vorbilder, die wir bewundern – Menschen, die Niederlagen einstecken können.

Ein Versprecher am Anfang, ein verpatzter Medieneinsatz, die falsche Folie, eine Pointe, die nicht aufgeht, ein missratenes Beispiel, das nicht zur Veranschaulichung sondern zur allgemeinen Verwirrung beigetragen hat – und schon würden Sie am liebsten unsichtbar in einem Mauseloch verschwinden.

Werfen Sie stattdessen lieber den Rettungsreifen aus. Halten Sie kurz inne und analysieren Sie die Situation. Dann reagieren Sie schnell. Sobald das Publikum gemerkt hat, dass etwas nicht stimmt, kann es kaum noch peinlicher werden. Das Wichtigste ist, dass Sie jetzt etwas tun. Dass etwas geschieht, ist viel wichtiger als was genau geschieht. Stellen Sie den Kontakt zum Publikum wieder her, am besten durch eine Gemeinsamkeit: Gemeinsam zu lachen, ist eine Möglichkeit. Zeigen Sie vielleicht ein wenig Selbstironie, und dass Sie über sich selbst lachen können, dann lacht das Publikum mit Ihnen.

Oder Sie bereiten sich für solche Situationen einen Erste-Hilfe-Spruch vor, wie z.B. „Boris Becker hat einmal gesagt: ‚Stark ist, wer keine Fehler macht; stärker, wer aus seinen Fehlern lernt.' Eines ist mir heute schon gelungen: Ich habe locker die erste Hürde gerissen. Aber ich freue mich, dass Sie mir die Möglichkeit geben, an meiner Aufgabe zu wachsen und stärker zu werden …" Dieser Spruch mit einem leichten Augenzwinkern verfehlt seine Wirkung sichern nicht!

> **Tipp 3:**
> Nehmen Sie eigene Fehler mit Humor oder einem flotten Spruch!

Hilfe, technische Panne!

„Der gute Seemann zeigt sich bei schlechtem Wetter", ist ein treffender Spruch. Wenn alles glatt läuft, kann man leicht gut sein. Pannen und Fehler können und werden immer passieren. Als Rednerin und als Redner werden Sie nicht nur an Ihren rhetorischen Fähigkeiten gemessen, sondern auch daran, wie Sie schwierige Situationen meistern.

Eines muss Ihnen klar sein: In dem Moment, wo Sie technische Hilfsmittel, wie Overhead-Projektor oder Laptop/Beamer, verwenden, sind Pannen fast vorprogrammiert. Streng genommen, müssten Sie folglich darauf vorbereitet sein.

Zur gründlichen Vorbereitung gehört, dass Sie die Technik, die Sie verwenden wollen, vorab checken. Das ist selbstverständlich. Trotzdem ist man vor Pannen nicht gefeit. Relativ einfach sind Overhead-Projektoren. Diese haben meistens zwei Projektionslampen. Checken Sie beide, so brauchen Sie nur auf die zweite umzuschalten, sollte die erste durchbrennen.

Bei einer Laptop-Beamer-Präsentation ist die Sache schon etwas komplexer. Wenn hier das Beamer-Birnchen ausfällt, ist eine Ersatzbirne wahrscheinlich nicht so schnell zur Hand. Da ist es heutzutage leichter, einen Ersatz-Beamer aufzutreiben. Für eine möglichst lange Lebensdauer der Birnchen sollten Sie den Beamer nicht abstecken und transportieren, ohne diesen vorher vollständig abkühlen zu lassen. Für den Normalfall signalisiert Ihnen der Beamer durch eine spezielle Anzeige, dass die Lebensdauer des Birnchens abgelaufen ist und es gewechselt gehört. Diese Anzeige sollten Sie nicht ignorieren, sondern sofort eine Ersatzbirne bestellen.

Häufig passiert es, dass die Leinwand schwarz bleibt, obwohl der Laptop an den Beamer angeschlossen ist, beide Geräte funktionsbereit sind, und die Bildschirmpräsentation gestartet ist. Drücken Sie gleichzeitig die Fn- und die entsprechende Funktionstaste. Das ist diejenige, auf der ein Symbol für die Leinwand ist. Da es mehrere Einstellungen gibt, müssen Sie die Tastenkombination gegebenenfalls bis zu dreimal drücken, bis die Präsentation sowohl auf dem Bildschirm als auch auf der Leinwand zu sehen ist.

> **Tipp 4:**
> Checken Sie alle technischen Geräte vorab! Nehmen Sie Laptop und Beamer schon vorab in Betrieb!

Erinnern Sie sich an die Tasten B oder W. Checken Sie die Medien vorab und starten Sie Ihre Präsentation in Ruhe, wenn noch keine Zuschauer da sind. Dann drücken Sie die Taste B und haben einen schwarzen Bildschirm und eine schwarze Leinwand. Sobald alle versammelt sind und Sie die einleitenden Worte gesprochen haben, drücken Sie elegant die Taste B und schon erscheint die Präsentation auf der Leinwand!

Hilfe, jetzt geht gar nichts mehr!

Im schlimmsten Fall kann es vorkommen, dass sich Ihr Notebook und der Beamer überhaupt nicht vertragen und jegliche Kommunikation verweigern, oder dass eines der beiden Geräte nicht funktioniert, aus welchen Gründen auch immer. Das ist unangenehm. Da es aber immer passieren kann – denken Sie an Finagles Gesetz „Wenn etwas schief gehen kann, dann wird es auch schief gehen!" – sollten Sie dafür gewappnet sein.

Das geringere Übel ist, dass Ihr Notebook den Geist aufgegeben hat, denn ein Ersatz-Notebook lässt sich meist leichter auftreiben als ein Beamer. Für solche Fälle ist es vorausschauend, die Präsentation noch einmal extra auf einer CD oder einem USB-Stick dabeizuhaben. Am besten verwenden Sie dafür die PowerPoint-Funktion „Verpacken für CD". Wenn Sie den Power-Point-Viewer automatisch dazupacken, dann sind Sie nicht einmal auf ein installiertes Präsentationsprogramm angewiesen.

Wenn es Ihnen nicht möglich ist, ein Ersatzgerät zu beschaffen oder den Fehler rasch zu beheben, sollten Sie auf einen Overhead-Projektor oder Flipchart-Ständer zurückgreifen. Führen Sie daher zu jeder Präsentation, die Sie mit dem Beamer halten, einen Satz Folien mit sich. Drucken Sie die Präsentation am besten in Farbe aus, damit auch die Präsentation mit dem Overhead-Projektor einen professionellen Eindruck hinterlässt. Oder Sie verwenden den mitgebrachten Folienausdruck nur als Stichwortgeber und präsentieren Ihre Inhalte mit dem Flipchart.

> **Tipp 5:**
>
> **Nehmen Sie zu jeder Laptop-Beamer-Präsentation einen Folienausdruck mit!**

Hilfe, höhere Gewalt!

Sie sind wirklich gut vorbereitet. Alle technischen Pannen, die irgendwie vorhersehbar sind, haben Sie routinemäßig gecheckt. Alles funktioniert, alles läuft wunderbar, Sie sind mitten in Ihrer Präsentation, Sie sind in Hochform – und dann, plötzlich! Alles ist dunkel, der Strom ist ausgefallen! „Höhere Gewalt", kann man da nur sagen!

Vielleicht tritt der Fall ein, dass Sie in der ersten Schrecksekunde nachdenken, was Sie jetzt tun werden – und schon ist der Strom wieder da und die Geräte können wieder in Betrieb benommen werden. Glück gehabt, mit dem Schrecken davongekommen!

Vielleicht tritt aber auch der unangenehme Fall ein, dass der Strom länger wegbleibt. Dann kommen die folgenden Möglichkeiten in Betracht:

- Sie haben hoffentlich einen Folienausdruck mit, können Stichworte ablesen und weichen auf den Flipchart-Ständer, ein Whiteboard oder eine Tafel aus.
- Sie unterbrechen die Präsentation und machen eine Pause, die Sie dazu nützen können, in Erfahrung zu bringen, ob und wann die Störung behoben sein wird bzw. in der Sie technische Unterstützung bekommen, um das Problem zu lösen.

Die Pause ist bei höherer Gewalt immer empfehlenswert, auch z.B. wenn das Mikrophon ausfällt oder jemand aus dem Publikum plötzlich einen

Kollaps hat. Alles kann passieren, wichtig ist nur, dass Sie als Rednerin und als Redner ruhig und besonnen handeln.

> **Tipp 6:**
> In Notfällen können Sie eine Pause nutzen, um alles wieder in Gang zu bringen!

Hilfe, keine Antwort parat!

Wenn Zuhörer Fragen stellen, ist das erstmal positiv. Das zeigt, dass sie Interesse am Thema haben. Nun wird aber – auch wenn Sie viel wissen – früher oder später der Fall eintreten, dass Sie trotz guter Vorbereitung eine Frage aus dem Publikum nicht beantworten können. Was also tun, wenn Sie eine Antwort nicht wissen? Rausreden? Das geht meist schief. Kneifen und das Nichtwissen zugeben? Irgendwie versteht man das als Zuhörer zwar, denn schließlich kann niemand alles wissen. Und trotzdem, Nichtwissen kratzt am Ansehen, der Sockel, auf dem Sie als Rednerin und Redner stehen, beginnt ein wenig abzubröckeln.

Es wird Ihnen zwar nicht so ergehen wie den Rittern der Tafelrunde in Monty Python's Film „Die Ritter der Kokosnuss", unangenehm ist es allemal. König Arthur und seine Tafelrunde suchen den Heiligen Gral. Irgendwann kommen sie an die Brücke des Todes, die von einem alten Mann bewacht wird. Jeder, der heil ans andere Ende kommen will, muss drei Fragen beantworten. Wer einmal „Nein" oder „Ich weiß es nicht" sagt, wird von einer unsichtbaren Kraft in die tiefe Schlucht katapultiert - und stirbt. Zwei Ritter sind schon tot, als König Arthur an die Reihe kommt. Zwei leichte Fragen kann er gleich beantworten, dann kommt die dritte: „Wie viele Stundenkilometer erreicht eine Schwalbe, wenn sie ohne Ballast durch die Luft fliegt?" König Arthur antwortet mit einer Gegenfrage: „Eine afrikanische oder eine europäische Schwalbe?" Diese kann wiederum der alte Mann, der die Brücke des Todes bewacht, nicht beantworten. Er sagt „Das weiß ich doch nicht!" Sofort wird er in die Schlucht katapultiert und der Weg für König Arthur ist frei.

Diese Geschichte lehrt Sie eine Möglichkeit, Ihr Nichtwissen nicht zuzugeben, nämlich die unangenehme Frage mit einer Gegenfrage zu beantworten. Für die Redesituation könnten Sie sich zum Beispiel folgende Gegenfragen zurechtlegen: „Wo sehen Sie den Zusammenhang zwischen Ihrer Frage und dem Thema?" oder „Warum interessiert Sie das in diesem Zusammenhang?" Dadurch gewinnen Sie erstmal Zeit. Vielleicht fällt Ihnen dann doch noch eine Antwort ein. Wenn nicht, können Sie sich mit der folgenden Strategie retten.

Eine weitere Möglichkeit ist, so zu tun, als würde die Frage über das Thema hinausgehen: „Das ist eine interessante Frage, die jedoch sehr ins Detail führt. Kommen Sie doch in der Pause zu mir, dann können wir uns darüber unterhalten." Und schon kehren Sie wieder zu Ihrem Vortrag zurück!

> **Tipp 7:**
>
> Wenn Sie die Antwort auf eine Frage nicht wissen, weichen Sie mit einer Gegenfrage aus oder verweisen darauf, dass diese Detailfrage über das Thema hinausgeht.

Hilfe, ein Blackout!

„Vor fünf Minuten wussten nur der liebe Gott und ich, worüber ich sprechen wollte. Jetzt weiß es nur noch der liebe Gott." Die Quelle ist leider unbekannt, aber der Ausspruch trifft eine Horrorvision von Rednern: Was passiert, wenn ich den Faden verliere?

Was passiert wirklich, wenn dieser Fall eintreten sollte? Wenn Sie den Faden verlieren, entsteht eine kleine Pause. Bedenken Sie: Niemand außer Ihnen weiß, dass diese Pause deshalb eintritt, weil Sie stecken geblieben sind. Und niemand weiß, was Sie als nächstes sagen wollten. Alles, was Sie jetzt sagen oder tun, ist also in den Augen der Zuhörer richtig – sofern Sie es selbstsicher sagen oder tun. Orientieren Sie sich an der Empfehlung des amerikanischen Redners und Autors Elmer Leterman: „Man kann praktisch alles auf einer Bühne tun, wenn man es nur so tut, als ob man nicht die leiseste Ahnung hat, dass irgend etwas falsch sein könnte an dem, was man tut."

Die folgenden Tipps helfen Ihnen, den Moment des Blackouts souverän zu überbrücken:

- Verfallen Sie bei einem Blackout während des Sprechens nicht in eine körperliche Angststarre. Bewegen Sie sich, gehen Sie ein paar Schritte, öffnen Sie das Fenster oder lassen Sie zur Not den Kugelschreiber fallen und heben ihn auf. Bewegung hilft, die körperlichen Stresshormone schneller abzubauen.

- Wiederholen Sie das zuletzt Gesagte oder schieben Sie eine kurze Zusammenfassung des bisherigen Inhalts ein. Meist fällt Ihnen dann der Übergang zum nächsten Punkt wieder ein.

- Machen Sie aus der Not eine Tugend und vergewissern Sie sich, ob die Zuhörer Fragen haben, bevor Sie zum nächsten Punkt übergehen.

- Sie können auch an einer anderen Stelle Ihres Vortrages fortfahren. Ihre Zuhörer wissen nicht, was als nächstes kommt und vermissen deshalb auch nichts. Sollten Sie etwas Wichtiges ausgelassen haben, können Sie ja immer noch darauf zurückkommen.

- Aktivieren Sie Ihr Erinnerungsvermögen durch einen kurzen Blick nach oben. Meist machen wir das ganz automatisch. Ich erinnere mich an eine mündliche Prüfung an der Uni. Der Professor fragte etwas mit Unterton, ob denn die Antwort an der Decke stehen würde. Das tat sie natürlich nicht, aber ich konnte mich besser an sie erinnern durch den Blick nach links oben. Links oben ist für die meisten Menschen richtig. Sie können das aber ganz einfach testen, indem Sie versuchen, sich an etwas zu erinnern. Und dann achten Sie darauf, ob Sie dabei nach oben blicken und in welche Richtung. Dann wissen Sie, wie Sie Ihr Erinnerungsvermögen unterstützen können.

- Nutzen Sie Ihr Manuskript oder Ihre Stichwortkarten, um den roten Faden wieder zu finden.

- Vielleicht wollen Sie sich mit Humor aus dieser Situation manövrieren. Folgender Spruch eignet sich dafür: „Im Moment geht es mir wie dem Schriftsteller und Schauspieler Curt Götz. Der hat einmal gesagt: Drei Dinge kann ich mir nicht merken. Das eine sind Namen, das andere

Zahlen, und das dritte habe ich vergessen. Bitte erlauben Sie, dass ich kurz auf meinem Stichwortzettel nachschaue, was ich vergessen habe …".

Jetzt haben Sie wirklich einige Möglichkeiten kennen gelernt, wie Sie souverän ein Blackout meistern können. Wobei ich Ihnen eines versprechen kann: Die Wahrscheinlichkeit, dass Sie ein völliges Blackout haben, ist wirklich sehr, sehr gering. Überlegen Sie einfach einmal, wie oft Sie selbst schon ein Blackout gehabt haben bzw. wie oft Sie eines bei jemand anderen bemerkt haben. Wenn Ihre Erfahrungen sich mit meinen decken, dann liegt Ihre Antwort ebenfalls in einem verschwindend kleinen Bereich.

> **Tipp 8:**
> Sollte der seltene Fall eines Blackouts eintreten, bleiben Sie ruhig und gelassen. Entscheiden Sie sich dann in aller Ruhe für eine passende Strategie!

Hilfe, Stegreif!

Was glauben Sie, bei welcher Übung zeigen die Teilnehmer von Rhetoriktrainings die meiste Zurückhaltung? Bei Stegreif-Reden! Aus dem Stegreif reden bedeutet, sich spontan, ohne Vorbereitung zu einem Thema möglichst sinnvoll zu äußern. Da gute Vorbereitung bekanntlich viel Sicherheit gibt, ist Reden ohne Vorbereitung verständlicherweise mit großer Überwindung und mit Hemmungen verbunden. Im Rhetoriktraining biete ich den Teilnehmern diese Übung trotzdem sehr gerne an, weil sie erstens wunderbar ihre Flexibilität und Schlagfertigkeit trainieren können. Zweitens bereiten solche Stegreifübungen auf den beruflichen Alltag in Besprechungen und Meetings vor, wo es an der Tagesordnung ist, dass Sie unvorbereitet aufgefordert werden, Stellung zu nehmen oder einen Sachverhalt zu kommentieren.

Beim Stegreifreden geht es darum, das vorhandene Wissen schnell in eine Struktur zu bringen. Das nötige Wissen haben Sie sicher, sonst würde man

Sie voraussichtlich nichts fragen. Jetzt geht es wirklich darum, rasch die Gedanken zu ordnen, bevor Sie zu sprechen beginnen.

Für solche Gelegenheiten sollten Sie immer eine einfache Grundstruktur parat haben. Ein Tipp: Blättern Sie noch einmal zurück zu den Fünfsatz-Strukturen auf der Seite 74. Für diejenigen, die das Thema Stegreif auch praktisch vertiefen wollen, gibt es im Übungsteil noch ergänzende Übungen.

> **Tipp 9:**
>
> Trainieren Sie Stegreifreden! Sie werden über den Erfolg erfreut sein!

Hilfe, Mikrofon und Kamera!

Man muss nicht VIP, Vorstand, Konzernsprecher, Politiker oder Künstler sein, um ein kurzes Statement vor Mikrofon und Kamera äußern zu müssen. In den Studios von Fernsehen und Radio werden für die verschiedensten Sendungen, wie Talkshows und Magazine, Menschen aus allen Berufsgruppen und sozialen Schichten eingeladen, um zu allen möglichen Themen befragt zu werden. Kleine Beiträge werden gedreht. Experten geben Statements über Wirtschafts- und Umweltfragen ab oder sie äußern sich zu politischen, kulturellen und sozialen Themen.

Und auch außerhalb der Studios können Sie jederzeit auf Journalisten treffen, die Sie vor laufender Kamera bei Kongressen, Messen, Kunst- und Kulturveranstaltungen und auf der Straße auffordern, Ihre Meinung zu einem Thema kund zu tun. Die wenigsten Menschen können frei und ungehemmt vor laufender Kamera reden, die meisten werden nervös und verpassen diese Chance, sich einem Millionenpublikum mitzuteilen.

Wichtig zu wissen ist, dass Sie wenig Zeit haben für Ihr Statement. In der Regel sollte ein Statement maximal 15 bis 20 Sekunden dauern. Für diese kurze Zeitspanne, legen Sie bitte Ihre Nervosität ab und bringen eine Top-

Kapitel 10: Erste Hilfe bei Pleiten, Pech und Pannen

Performance. Danach können Sie ruhig wieder nervös sein. Beachten Sie die folgenden Punkte für Ihr professionelles Statement:

- Verzichten Sie auf eine direkte Anrede des Journalisten oder des Publikums, steigen Sie direkt ein. Die Post muss gleich abgehen.
- Verzichten Sie darauf, sich als Person vorzustellen. Geben Sie dem Kamerateam Ihre Visitenkarte. Damit stellen Sie sicher, dass im Bilduntertitel Ihr Name richtig erscheint. Gleichzeitig geben Sie den Journalisten eine Kontaktmöglichkeit für weitere Recherchen.
- Lassen Sie sich vom Journalisten eine präzise Ausgangsfrage für Ihr Statement vorgeben, so dass kein „zufälliger Mitschnitt" entsteht.
- Formulieren Sie knapp und präzise. Bringen Sie das, was Sie sagen wollen, genau auf den Punkt. Alles, was Sie zuviel sagen, wird ohnehin geschnitten, was Ihre Aussage nur verzerrt.
- Sprechen Sie flüssig ohne „Ähs" und andere Fülllaute, welche die Prägnanz Ihrer Aussage beeinträchtigen.
- Schauen Sie Ihren Gesprächspartner an, das ist der Journalist. Lächeln Sie freundlich und achten Sie auf eine entspannte Gesichtsmuskulatur.
- Sie versprechen sich? Dann wiederholen Sie Ihr Statement so lange, bis es möglichst genau und sauber formuliert kommt.

> **Tipp 10:**
> Nutzen Sie die Möglichkeit für Statements in Radio und Fernsehen! Formulieren Sie einen kurzen, prägnanten „Sager"!

Notizen:

Zum Schluss

> „Könnte ich noch einmal aufs College gehen,
> so würde ich mich auf zwei Dinge konzentrieren:
> Schreiben zu lernen und vor Publikum sprechen zu lernen.
> Es gibt nichts Wichtigeres im Leben,
> als die Fähigkeit, effektiv zu kommunizieren."
>
> Gerald L. Ford, ehemaliger Präsident der Vereinigten Staaten

Es ist soweit: Ich habe Ihnen versprochen, Sie bis zum nächsten Redeauftritt zu begleiten. Dieser Moment ist jetzt da. Sie haben das nötige Know-how und Sie wissen sich als Persönlichkeit wirkungsvoll zu präsentieren. Sie sind bereit und Ihre innere Stimme fordert Sie auf: „Ich kann – und ich will!"

Und, um es mit Worten von Wilhelm Humboldt zu sagen: „Man kann viel, wenn man sich nur recht viel zutraut!" Nutzen Sie Ihre neu erworbenen Fähigkeiten. Einige von Ihnen wollen vielleicht noch das eine oder andere vertiefen – im folgenden Kapitel finden Sie noch weitere, interessante Übungen, wie z.B. den „Elevator Pitch". Trauen Sie sich: Treten Sie aus der schweigenden Masse heraus und genießen Sie, dass man Ihnen zuhört. Halten Sie Vorträge und präsentieren Sie Ihre Ideen. Bauen Sie immer mehr Ausstrahlungskraft auf und Ihren Spaß am Reden aus. Wer erkennt, welche Chancen sich mit souveränen Redeauftritten auftun, bekommt schnell Appetit auf mehr.

Ich wünsche Ihnen alles Gute, viele Redeerfolge und großen Appetit auf mehr,
Ingrid Hödl

Kontakt:
c/o CommConsult - Netzwerk für Training & Coaching
Im Himmelreich 18
A-3270 Scheibbs, Österreich

T: +43 7482 46190 oder +43 664 4124042
E: office@commconsult.at

www.commconsult.at

ÜBUNGEN

Übung macht den Meister!
10 zusätzliche Übungen für Ihren Redeerfolg

Es werden mehr Menschen durch Übung tüchtig als durch Naturanlage.

Demokrit, griechischer Philosoph

Übung „Inneres Lächeln":

Tun Sie sich mit dieser Übung selbst etwas Gutes. Schenken Sie sich selbst ein Lächeln, lächeln Sie in sich hinein, lächeln Sie Ihren inneren Organen zu. Die Übung ist angelehnt an eine Übung aus dem Yoga, probieren Sie sie aus – die Wirkung ist nicht nur angenehm, sondern auch sehr gesundheitsfördernd.

Die Kraft dieser Übung, die Kraft des „inneren Lächelns" wird Ihnen helfen, sich zu entspannen und sich gleichzeitig energetisch aufzuladen. Sie werden innerlich ruhiger und Lampenfieber wird gemildert. Der ideale Zustand, um eine hervorragende Rede zu halten.

Übung „Inneres Lächeln":

Nach jedem Punkt schließen Sie die Augen und machen das, was Sie gerade gelesen haben:

- Machen Sie es sich bequem. Sitzen Sie entspannt.
- Atmen Sie einige Male tief aus und ein.
- Lächeln Sie.
- Achten Sie auf das Gefühl, das sich einstellt.
- Nehmen Sie das Lächeln und das Gefühl mit auf Ihre Reise nach innen.
- Spüren Sie Ihre Füße und Beine und lächeln Sie in Ihre Füße und Beine hinein.
- Spüren Sie Kreuz und Rücken und lächeln Sie in Kreuz und Rücken hinein.
- Spüren Sie Bauch und Brust und schenken Sie ihnen ein Lächeln.
- Spüren Sie Hände, Arme, Schultern, Nacken und Kopf und schenken ihnen ein Lächeln.
- Lächeln Sie in Ihr Herz hinein (es hat es verdient, denn es schlägt

am Tag ca. 100.000mal für Sie).
- Erweitern Sie diese Übung. Lächeln Sie in den Magen, nach geraumer Zeit in die Leber, die Nieren, den Unterleib ...
- Spüren Sie sich als Ganzes, schenken Sie sich als Ganzes ein Lächeln.
- Werden Sie sich der Menschen um sich herum bewusst (Familie, Kollegen, Ihre Zuhörer o.ä.) und lächeln Sie ihnen innerlich zu.
- Werden Sie sich der ganzen Gegend bewusst und lächeln Sie in die ganze Gegend (oder in den Raum, in dem Sie sprechen werden).
- Dehnen Sie Ihre Bewusstheit und Ihr Lächeln in alle Richtungen aus und verharren Sie ein paar Atemzüge im Gefühl dieser Weite.

Öffnen Sie Ihre Augen und nehmen Sie das Lächeln mit, was auch immer Sie gerade zu tun haben.

Notizen:

Übung „Geschichten erzählen mit Gewinn":

Einige Male ist in diesem Buch betont worden, wie wichtig es ist, die Zahlen, Daten, Fakten und Sachinformationen mit Geschichten und Beispielen aufzulockern. In Kapitel 1 auf Seite 18 haben Sie schon eine einfache Struktur für Geschichten kennen gelernt. In der folgenden Übung gehen Sie noch einen Schritt weiter und arbeiten heraus, welchen Nutzen Ihre Geschichte für die Zuhörer hat.

Übung „Geschichten erzählen mit Gewinn":

Skizzieren Sie kurz das Ereignis, die Geschichte. Sie können die schon bekannte Struktur „Wann – Wo – Was" verwenden.

Im Anschluss formulieren Sie, was Sie den Zuhörern sagen wollen: „Und die Moral dieser Geschichte ist …"

Zum Schluss erklären Sie den Zuhörern, welchen Gewinn sie aus Ihrer Erfahrung ziehen können: „Und daraus können Sie lernen …"

Denken Sie daran: Jede Geschichte soll kurz und prägnant sein!

Notizen:

ÜBUNGEN

Übung „Redefit mit Zungenbrechern":

Die guten, alten Zungenbrecher sind hervorragende Artikulationsübungen. Vielleicht haben Sie aus Ihrer Schulzeit noch einige parat? Jetzt können Sie sie wieder hervorkramen. Die schnellen und extremen Bewegungen lockern die Lippen- und Zungenmuskulatur.

Übung „Redefit mit Zungenbrechern":

Sprechen Sie die Zungenbrecher-Texte deutlich artikuliert, langsam, Wort für Wort, mehrmals am Tag. Mit der Zeit können Sie sie immer schneller sprechen, aber immer noch deutlich artikulieren! Denken Sie daran, es geht mehr um die präzise Aussprache als ums Tempo.

Einige der bekanntesten Zungenbrecher:

„Fischers Fritz fischt frischen Fisch. Frischen Fisch fischt Fischers Fritz."

„Blaukraut bleibt Blaukraut, Brautkleid bleibt Brautkleid."

„Im dichten Fichtendickicht wachsen dicke Fichten dicht an dicht."

„Der Cottbuser Postkutscher putzt den Cottbuser Postkutschkasten blank."

„Zwischen zwei Zwetschkenzweigen sitzen zwei zwitschernde Schwalben."

Welche Zungenbrecher kennen Sie sonst noch?

....

....

....

....

Übung „Es war einmal …":

Die Stimme ist das mächtigste Werkzeug, um die Aufmerksamkeit des Publikums zu steigern. Bei der folgenden Übung können Sie mit Tempo, Lautstärke und Betonung experimentieren und Ihre eigene stimmliche Bandbreite erweitern.

Übung „Es war einmal …":

Die Übung macht zu zweit großen Spaß. Wenn Sie keine zweite Person zum Üben haben, brauchen Sie eine Stoppuhr.

Erzählen Sie laut eine x-beliebige Geschichte, die mit „Es war einmal …" beginnt, und erfüllen Sie jeweils die folgenden Aufgabe je eine Minute lang:

- so langsam wie möglich
- so schnell wie möglich
- so laut wie möglich
- so leise wie möglich
- so monoton wie möglich
- so betont wie möglich
- …

Notizen:

Stegreifübungen:

Mit Stegreifüben trainieren Sie Sprechdenken, Flexibilität und Schlagfertigkeit, außerdem machen sie auch Spaß! Erinnern Sie sich an die Fünfsatz-Strukturen? Wenn nicht, dann schlagen Sie noch einmal auf der Seite 74 nach. Die Fünfsatz-Strukturen können Sie nicht nur zum Aufbau längerer Reden verwenden, sondern auch bei Statements, spontanen Kurzpräsentationen und Stegreifübungen.

Übung „Stegreifrede":

Schlagen Sie ein Buch oder eine Zeitung auf, legen Sie den Zeigefinger auf eine beliebige Textstelle. Das Wort, auf das Sie getippt haben, ist Ihr Schlagwort.

Reden Sie mindestens eine Minute lang sinnvoll zu diesem Begriff. Wenn Sie wollen, nehmen Sie Ihre Stegreifrede zur Selbstreflexion auf Tonband auf!

Eine Variante: Lassen Sie sich von irgendjemandem einen Begriff zuwerfen und reden Sie mindestens eine Minute darüber.

Notizen:

Stegreifübung mit Sprichwörtern:

Suchen Sie sich ein Sprichwort, wie z.B. „Der Apfel fällt nicht weit vom Stamm." Dann erläutern Sie dieses Sprichwort und seine Bedeutung kurz. Wenn Sie wollen, können Sie eine Tonbandaufnahme machen.

Sie können diese Übung auch sehr gut zu zweit machen, indem Sie sich gegenseitig Sprichwörter zuwerfen. Das verkürzt jede Bahnfahrt oder macht auch die Walkingrunde abwechslungsreicher.

Hier noch weitere Sprichwörter:

„Was Hänschen nicht lernt, lernt Hans nimmermehr."

„Kein Meister ist vom Himmel gefallen."

„Der Teufel liegt im Detail."

„Wer einmal lügt, dem glaubt man nicht, wenn er auch die Wahrheit spricht."

„Man soll den Tag nicht vor dem Abend loben."

„Hunde, die bellen, beißen nicht."

„Lieber der Spatz in der Hand als die Taube auf dem Dach."

„Ein gesprochenes Wort holt auch das schnellste Pferd nicht mehr ein."

„Eine Schwalbe macht noch keinen Sommer."

„Wenn du glaubst, es geht nicht mehr, kommt von irgendwo ein Lichtlein her."

„Was kümmert es den Mond, wenn der Hund ihn anbellt."

„Was du heute kannst besorgen, das verschiebe nicht auf morgen."

Übung „Pro-Contra":

Halten Sie spontan eine Zwei-Minuten-Rede zu einem Thema, bei dem es Pro- und Contra-Positionen gibt. Üben Sie zu zweit oder stellen Sie eine Eieruhr.

Beginnen Sie eine Minute nur pro zu argumentieren, nach einer Minute wechseln Sie Ihren Standpunkt und argumentieren nur contra.

Hier finden Sie eine Auswahl an Pro-Contra-Themen:
Berufstätige Mütter, Diskonter, Eu-Erweiterung, Fastfood, Fernreisen, Fernsehen, Frauen zum Bundesheer, Haustiere, Ladenschlusszeiten, Leben auf dem Land, Mobiltelefone, Öffentliches Rauchverbot, Öffentliche Verkehrsmittel, Sport, Sterbehilfe, Tempo 100 auf Autobahnen, Urlaub zuhause, ...

Notizen:

Übung „Elevator Pitch"

„Was machen Sie eigentlich beruflich?", fragt der Sitznachbar auf dem Kongress. Oder der potentielle Kunde am Telefon will wissen: „Was ist das Besondere an Ihrem Angebot?" In solchen Situationen gilt es, den Gesprächspartner mit wenigen Worten neugierig zu machen. Die Kurzvorstellung in 30 Sekunden, auch Elevator Pitch genannt, gehört heute zu den wichtigsten Instrumenten des Persönlichkeitsmarketings.

Übung „Elevator Pitch":

Erstellen Sie einen Elevator Pitch für Ihre persönliche Vorstellung. Verwenden Sie folgende Aufbauschritte:

- **Einstieg:** „Ich bin Trainerin und Coach für wirkungsvolle Redeauftritte."
- **Neugierig machen** mit Frage, Beispiel oder Metapher: „Stellen Sie sich vor, Sie reden – vielleicht zum ersten Mal – vor hundert Menschen oder mehr. Es ist eine wichtige Veranstaltung für Sie und Sie möchten top vorbereitet sein."
- **Auflösung:** „Ich coache Sie für diesen besonderen Redeauftritt."
- (wenn möglich) **Kontaktimpuls:** „Falls Sie das interessiert, ich habe eine kleine Checkliste für die Redevorbereitung entwickelt. Die ist kostenlos und ich schicke Ihnen gerne eine zu.

Ihr persönlicher Elevator Pitch:

....

....

....

....

....

....

....

Tragen Sie Ihren persönlichen Elevator Pitch mehrmals überzeugend vor! Sie werden ihn in Zukunft häufig einsetzen!

Eine weitere Variante zum Üben: Erstellen Sie einen Elevator Pitch für ein neues Produkt oder eine neue Dienstleistung!

Übungen

Übung „Vorbereitung & Aufbau einer Rede":

Bereiten Sie eine Rede oder Präsentation vor. Das folgende Arbeitsblatt unterstützt Sie dabei:

1. Was genau ist Ihr Thema?

2. Analyse der Zuhörer:

   Wer sind die Zuhörer?

   Einstellung der Zuhörer:
   - zum Thema:
   - zu Redner/in:
   - zur Firma:

   Welches Vorwissen kann ich voraussetzen?

   Interessen der Zuhörer:

   Mögliche Fragen und Einwände / Entkräftungen :

3. Zielformulierung:

   Was möchte ich mit meiner Rede/Präsentation erreichen?

   Wozu?

   „Bodencheck": Ist das Ziel realistisch?

   Meine persönlichen Ziele:

Konsequenzen für die Vorbereitung:

4. Aufbau:

Kernaussage im Schluss:

Kernaussagen im Hauptteil:

in der richtigen Reihenfolge:

Darstellung/Stilmittel (Ideen für Beispiele, Visualisierungen, u.ä.):

Einleitung:

Titel/Schlagzeile:

Prüfen Sie noch einmal, in wieweit die Auswahl und Aufbereitung Ihrer Inhalte an den Interessen und/oder am Nutzen Ihrer Teilnehmer orientiert ist!

ÜBUNGEN

Übung „Rede und Feedback":

Halten Sie die Rede, die Sie gerade vorbereitet haben. Entweder Sie laden ein paar Zuhörer ein und reden vor Publikum, oder Sie organisieren sich eine Videokamera und nehmen sich selbst auf.

Nach der Rede holen Sie sich Feedback von Ihren Zuhörern bzw. Sie versuchen, sich möglichst realistisch selbst Feedback zu geben:

Was haben Sie gut gemacht?

Was können Sie noch besser machen?

Notizen:

Weiterführende Literatur

Amon, Ingrid: Die Macht der Stimme. Persönlichkeit durch Klang, Volumen und Dynamik. Redline Wirtschaftsverlag, 2004.

Csikszentmihalyi, Mihaly: Flow: Das Geheimnis des Glücks. Klett Cotta, 2002.

Enkelmann, Nikolaus: Der Kennedy-Effekt. Mit Charisma zu Macht und Einfluss. Ueberreuter, 2002.

Eschenröder, Christof: Lebendiges Reden. Wie man Redeangst überwindet und Vorträge interessant gestaltet. Ein Selbsthilfeprogramm mit CD. Hemmer/Wüst, 2005.

Feldenkrais, Moshe: Die Feldenkraismethode in Aktion. Eine ganzheitliche Bewegungslehre. Junfermann, 2000.

Gutzeit, Sabine: Die Stimme wirkungsvoll einsetzen. Das Stimm-Potential erfolgreich nutzen. Beltz, 2003.

Harjung, J. Dominik: Lexikon der Sprachkunst. Die rhetorischen Stilformen mit über 1000 Beispielen. Beck, 2000.

Kürsteiner, Peter: Notebook- und Beamer-Präsentationen. Power-Tipps für Sie und Ihren Auftritt. Ueberreuter, 2002.

Molcho, Samy: Körpersprache des Erfolgs. Ariston, 2005.

Schaller, Beat: Die Macht der Sprache. Wie Sie überzeugend wirken. 101 Werkzeuge und 1001 Beispiele. Signum, 2005.

Schildt, Thorsten/Zeller, Gertrud: 100 Tipps und Tricks für professionelle PowerPoint-Präsentationen. Beltz, 2005.

Skambraks, Joachim: 30 Minuten für den überzeugenden Elevator Pitch. Gabal, 2004.

Sonntag, Robert: Blitzschnell entspannt. 100 verblüffend leichte Wege, wie Sie in Sekunden innere Ruhe finden und neue Kraft schöpfen. Trias, 2005.

Spies, Stefan: Authentische Körpersprache. Ihr souveräner Auftritt im Beruf – Erfolgsstrategien eines Regisseurs. Hoffmann und Campe, 2004.

Veszelits, Thomas: Aufs Maul geschaut! So überzeugen Profis und Promis: Strategien, Tipps und Tricks. Schwarzkopf & Schwarzkopf, 2005.

Winkler, Maus/Commichau, Anka: Reden. Handbuch der kommunikations-psychologischen Rhetorik. Rowohlt, 2005.

Erleben Sie Ingrid Hödl live!

Das Seminar zum Buch: Wirkungsvolle Rhetorik

In diesem Praxisseminar erfahren Sie die Faktoren wirkungsvoller Rhetorik und haben die Gelegenheit, Ihre persönliche Ausstrahlungs- und Überzeugungskraft zu testen und zu verbessern. Sie steigern die Ausdrucksstärke Ihrer Körpersprache, lernen Lampenfieber positiv zu nutzen und in Stress-Situationen gelassen zu bleiben. Sie strahlen mehr Sicherheit und Überzeugungskraft aus und optimieren Ihre persönliche Wirkung.

Seminarinhalte:
+ Wie Sie überzeugend auftreten und Ihr Publikum für sich gewinnen
+ Worte allein sind zu wenig – wie Körpersprache wirkt
+ Stimme macht Stimmung – wie Sie Ihre Stimme wirkungsvoll einsetzen
+ Bitte anschnallen – wie Sie erfolgreich starten und souverän landen
+ Die gekonnte Rede: Vorbereitung, Aufbau und Argumentationsstrategie
+ Lampenfieber ade: wie Sie Redehemmungen und Nervosität abbauen
+ Sie trainieren, wie Sie souverän mit Fragen, Einwänden und Störungen umgehen
+ Wie Sie aus dem Stegreif reden und dabei Sicherheit ausstrahlen

+ 2- oder 3-tägiges Intensivtraining
+ viel Praxis
+ Videotraining und Feedback

Weitere Seminare, Infos und Termine unter: www.commconsult.at

Kontakt:
c/o CommConsult - Netzwerk für Training & Coaching
A-3270 Scheibbs, Im Himmelreich 18

T: +43 7482 46190 oder +43 664 4124042
E: office@commconsult.at